# 李家山古村

山西古村镇系列丛书

山西省住房和城乡建设厅组织编写

薛林平 陈璐 王怡博 于丽萍 著

中国建筑工业出版社

**图书在版编目(CIP)数据**

李家山古村／薛林平等著．—北京：中国建筑工业出版社，2013.2
（山西古村镇系列丛书）
ISBN 978-7-112-15047-2

Ⅰ.①李… Ⅱ.①薛… Ⅲ.①村史-吕梁市 Ⅳ.①K292.53

中国版本图书馆CIP数据核字（2013）第008060号

责任编辑：费海玲
责任设计：董建平
责任校对：陈晶晶 王雪竹

山西古村镇系列丛书
山西省住房和城乡建设厅组织编写
**李家山古村**
薛林平 陈 璐 王怡博 于丽萍 著

*

中国建筑工业出版社出版、发行（北京西郊百万庄）
各地新华书店、建筑书店经销
北京方舟正佳图文设计有限公司制版
北京方嘉彩色印刷有限责任公司印刷

*

开本：787×960毫米 1/16 印张：$11\frac{1}{2}$ 字数：212千字
2013年6月第一版 2013年6月第一次印刷
定价：58.00元
ISBN 978-7-112-15047-2
（23124）

《山西古村镇系列丛书》

主　编：李栋梁　李锦生

副主编：于丽萍　张　海　薛林平

# 《李家山古村》

著　者：薛林平　陈　璐

王怡博　于丽萍

# 丛书总序

我曾多次到过山西，这里丰富的历史遗存和深厚的人文底蕴，令人赞叹，给人的印象非常深刻。山西省建设厅张海同志请我为《山西古村镇系列丛书》作个序，在这里我就历史文化遗产和古村镇保护等有关问题谈一些粗浅的想法。

国际经济社会发展的经验证明，一个国家城镇化水平达到30%以后，城镇化进程不断加快，随之出现城市建设的高潮；人均生产总值达到1000～3000美元时，进入经济发展的黄金期，也是多种矛盾的爆发期，这个时期不仅可能引发各种社会矛盾，还会出现许多问题。我国城镇化水平2003年就已经超过了40%，人均生产总值2006年已经超过了2000美元，国民经济快速发展，城镇化进程不断加速；在城市建设日新月异的发展中，中央又审时度势提出了“两个趋势”的科学判断，作出了加强小城镇和新农村建设的决策。过去，我国城市的大批建筑遗存，正是在大搞城市建设中遭到毁灭性破坏。现在，我国农村许多建筑遗产，能否在小城镇和新农村建设中有效保护，正面临着严峻考验。处理好小城镇和新农村建设与古村镇保护的关系，保护祖先留下的非常宝贵、不可再生的文化遗产，是历史赋予我们义不容辞的责任。

对于建筑历史文化遗产的保护，人们的观念不断创新、思路逐步调整、方法正在改进，从注重官府建筑、宗教建筑的保护，向关注平民建筑保护的转变；从注重单体建筑的保护，向关注连同建筑周边环境保护的转变；尤其是近年来，特别关注古村镇的保护。因为，古村镇是区域文化的“细胞”，是一个各种历史文化的综合载体，不仅拥有表现地域、历史和民族风情的民居建筑、街区格局、历史环境、传统风貌等物质文化遗产，还附着居住者的衣食起居、劳动生产、宗教礼仪、民间艺术等非物质文化遗产。我国现存有大量的古村镇，其历史文化价值和社会经济价值都是巨大的，按照英格兰的统计方法，古村镇的价值应占到GDP的30%以上。然而，认识到这一点的人并不多，甚至有人认为古村镇、古建筑是社会发展的绊脚石，这种观点对于文化的传承和社会的进步都是极为不利的。在快速推进的城乡建设浪潮中，我们所面临的最大问题就是，大批历史古迹被毁坏，大批古村镇被过度改造，使中华民族的历史文化遗产严重损坏。在这个时候提出古村镇的保护，实际上是一项带有抢救性的工作。

2008年1月1日开始实施的《城乡规划法》，突出强调了保护历史文化遗产的重要性；2008年4月又颁布了《历史文化名城名镇名村保护条例》。历史文化名城保护工作已开展近30年，历史文化名镇名村保护工作也已启动，现在大家基本达成共识，保护有价值的古村镇，其实就是“保护文化遗产，弘扬优秀的传统文化……保持民族性，体现时代性”。但是，当前全国历史文化村镇保护的形势仍然不容乐观，保护工作极不平衡，一些地方还未认识到整体保护历史文化村镇的重要性，忽视了周边环境风貌和尚未列入文物保护单位的优秀民居的保护，制定和完善保护历史文化村镇规划的任务还十分艰巨；一些地区片面追求经济效益，对历史文化村镇进行无限度、无规划的盲目开发；一些地方擅自改变国有文物保护单位的管理体制，交给企业经营管理。

作为华夏文明的发祥地之一，山西有着丰厚的文化积淀和历史遗存，不仅有数量众多的古建筑，还保存有大量的古村镇。由于山西历史悠久、民族聚居、文化融合、地形差异等多因素影响，再加之较为发达的古代经济，建造了大量反映农耕文明时代、各具特色的古村镇。这些古村镇，一是分布在山西中部汾河流域，以平遥古城为中心，以晋商经济为支撑，体现晋商文化特色；二是分布在晋城境内沁河流域，以阳城县的皇城、润城为中心，以冶炼工业及商贸流通为支撑，体现晋东南文化特色；三是分布在吕梁山区黄河沿岸，以临县碛口古镇为中心，以古代商贸流通、商品集散为支撑，体现晋西北黄土高原文化；四是沿山西省内外长城，在重要边关隘口，以留存的防御性村堡，体现边塞风情和边关文化，在山西统称为“三河一关”古村镇。这些朴实生动和极富文化内涵的古村镇，是人类生存聚落的延续，是中国传统建筑的精髓；保存有完整的古街区、大量的古建筑，体现着先人在村镇选址、街区规划、院落布局、建筑构造、装饰技巧等方面的高超水平；真实地反映了农耕文明时代的乡村经济和社会生活，凝聚了劳动人民的智慧，沉淀了中华民族的优秀文化，传承了丰富的历史信息；具有浓郁的地方特色和很高的研究价值，是人类共同的文化遗产和宝贵财富。

山西省建设厅一直对古村镇及其文化遗产的保护非常重视，从2005年开始，对全省的古村镇进行了系统普查，根据普查的初步成果，编辑出版了《山西古村镇》一书；同年，主办了“中国古村镇保护与发展碛口国际研讨会”，并通过了《碛口宣言》。报请省政府下发了《关于历史文化名镇名村保护工作的意见》，并分两批公布了71个“山西省历史文化名镇名村”，其中18处已经成为“中国历史文化名镇名村”。为大部分古村镇制定了科学的保护规划，开展了多层次的保护工作，逐步形成了科学、合理、有效的保护机制。为了不断提高人们的保护意识，他们又组织编写了《山西古村镇系列丛书》，本系列丛书撷取山西有代表性的古村镇，翔实地介绍了其历史文化、选址格局、建筑特色、非物质文化遗产，内容较为丰富。为了完成书稿的写作，课题组多次到现场调查，在村落中居住生活了相当一段时间，积累了大量第一手资料。通过细致的测绘图纸和生动的实物照片，可以看到他们极大的工作热情和辛勤劳动。这套丛书不仅是对古村镇保护工作的反映，更有助于不断增强全社会的文化遗产保护意识。让我们以此为契机，妥善处理保护与发展的关系，做到科学保护、有效传承、永续利用历史文化遗产，不断开创历史文化名镇名村保护工作的新局面。

是为序。

住房和城乡建设部　副部长

# 目 录



C O N T

E N T S

【第一章】

# 李家山古村的历史文化

LISHI WENHUA

# 一、历史沿革

## 1.古村概述

李家山古村属于山西省吕梁市临县碛口镇（图1–1）[1]，西北濒临黄河，东南与离石分界，坐落在碛口古镇东南方向两公里左右的黄土山坳里（图1–2）[2]。村内现存的建筑多为明、清、民国时期所建，高低错落，依山而建，独具特色。2009年，李家山古村被住房和城乡建设部和国家文物局联合公布为第四批中国历史文化名村。

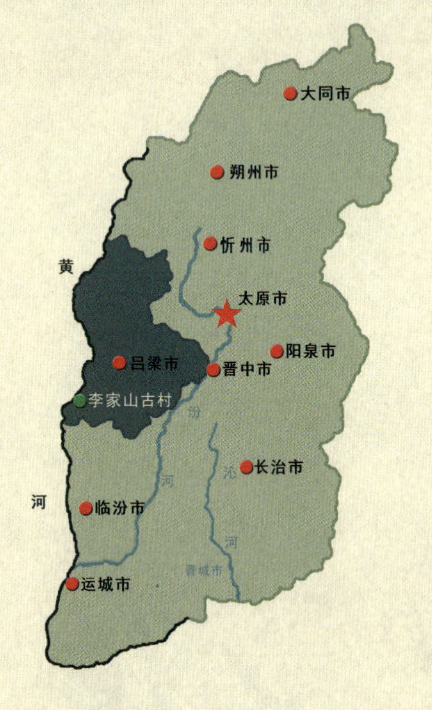


图1–1 李家山古村区位图

从行政属性上讲，如今的碛口镇域在明代时期只有一半属于临县，另一半属于临县南临的永宁州（图1–3）[3]，即今天的离石区。民国35年（1946年），行政区重新调整，碛口镇才被完整地划分到临县。而碛口古镇和李家山古村则一直属于临县（图1–4）。

碛口古镇过去是一个渡口，因临下游的大同碛而得名[4]。据民国6年《临县志》记载："黄河经县境二百余里，沿岸石壁峭崖。车行无路，间有山径，皆羊肠小道，惟碛口为临之门户，有事必争其形胜……碛口古代无镇，清乾隆年间，

1 李家山行政村由三部分组成，即古村、新村和河南坪。古村位于山上，现存建筑多为新中国成立前所建，仅有5座宅院为新中国成立后所建。新村位于古村山下西南一侧，距古村一公里，是1987年以后，村民们为改善交通和方便水田管理，而建起的新村。河南坪村位于古村北面。这三处由九支大队管理，其中新村、古村共八支，河南坪一支。本书论述的即是李家山古村。

2 本书中提到的"碛口古镇（或碛口）"是指"碛口镇区"；而"碛口镇"指的是行政意义上的碛口镇域，镇域面积108.45平方公里，共有40个行政村。

3 永宁州，今山西省吕梁市兴县离石区，西邻临县，属太原府，清属汾州府。

4 《说文解字》载："碛，水渚有石者"，是指河上因地形的起伏，砂石堆积而成的激流浅滩。《说文解字》：许慎（东汉），汉和帝永元十二年（100年）——安帝建光元年（121年）。大同碛，又称二碛，是仅次于壶口瀑布的黄河第二大碛，是由于湫水河的冲积，河床上积满了砂石而成。

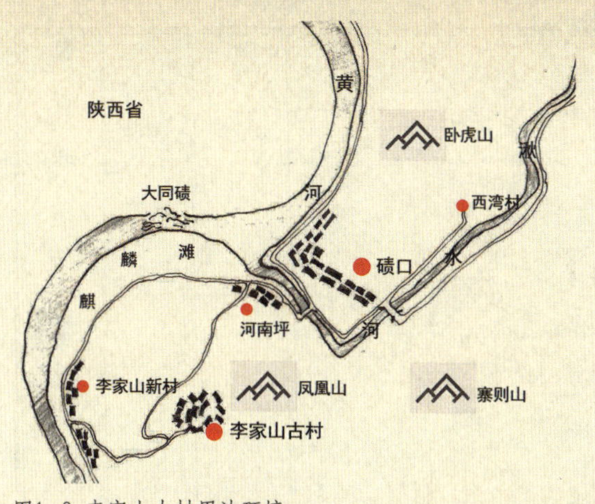

图1-2 李家山古村周边环境

河水泛滥，冲没县川南区之侯台镇及黄河东岸之曲峪镇，两镇居民大都移居碛口。”可见，碛口地处水路交界处，交通便捷，具有相当好的商业发展基础。清代时，由于水灾，古镇周边村镇的大量居民移居至此，进一步促进了碛口的繁荣和商业发展。于是，碛口便从一个小码头逐渐发展成了一个商业集散中心。民国时期，碛口是越发鼎盛，被称为“水旱码头小都会”、“九曲黄河第

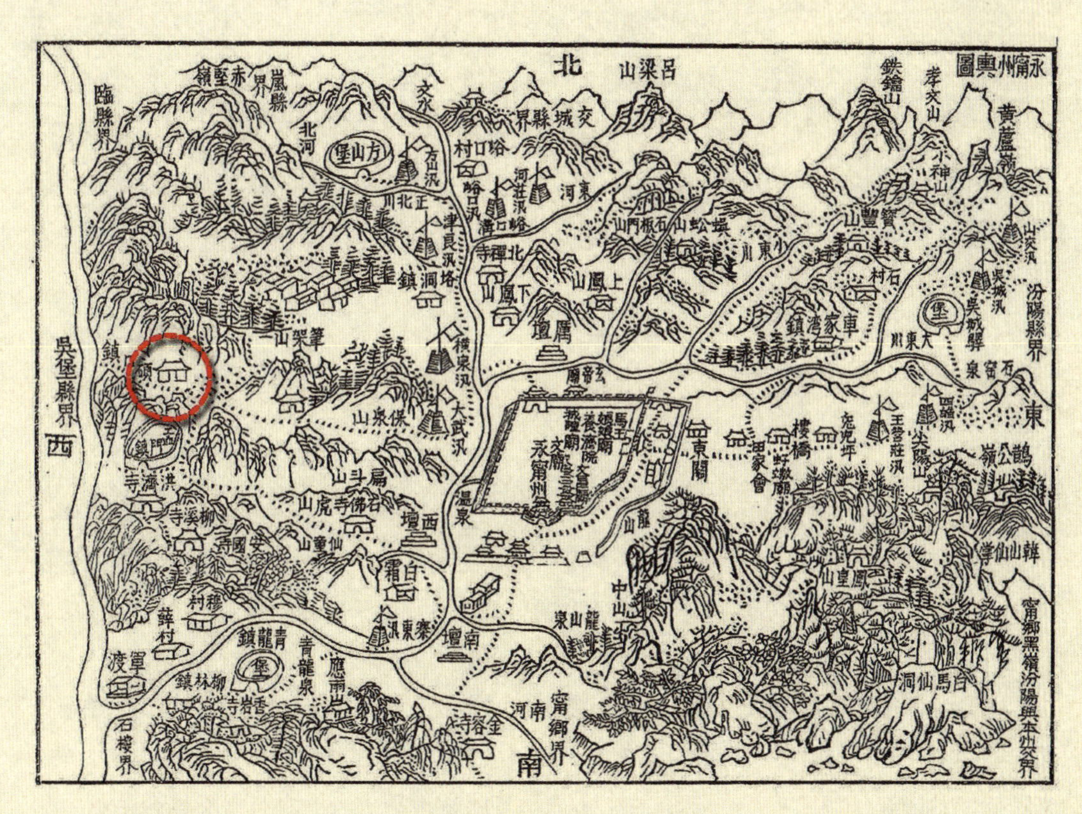

图1-3 永宁州疆域图[1]

1 (清)姚启瑞纂修，《永宁州志》，光绪七年（1881年）。

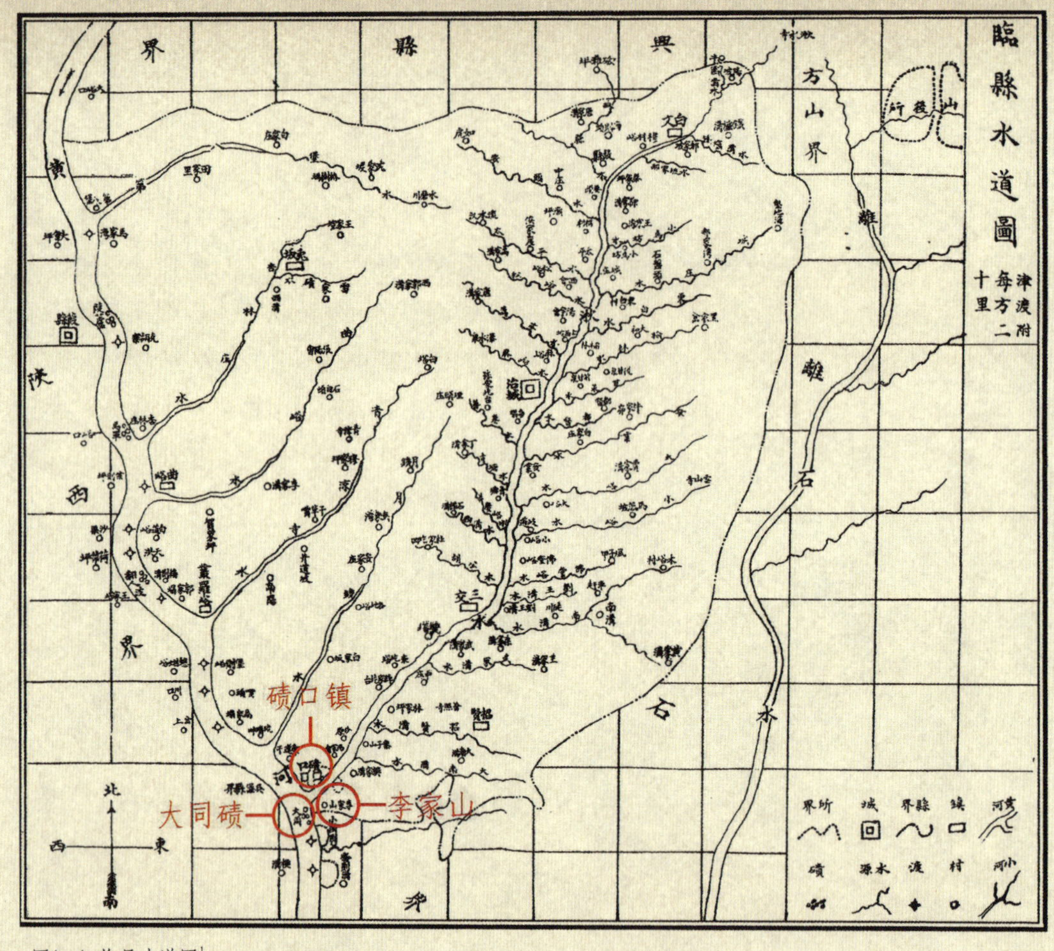


图1-4 临县水道图[1]

一镇”。在其最繁荣的时期，民间甚至有“碛口街上尽是油，三天不驮满街流”等民谣，来形容当时的热闹景象。而到了抗日战争时期，碛口古镇由于受到战争影响，日渐衰落。新中国成立后，快速发展的铁路取代了传统的商业码头，更使碛口的商业逐渐落寞萧条。

李家山古村是依托碛口的商业兴旺而发展起来的村落，建筑以居住功能为主。在碛口最繁盛的清代至民国时期，李家山有良好的经济条件，建造了许多精良的窑洞建筑。一座座院落依山而建，错落有致，无论站在哪个角落欣赏都是一幅建筑与自然结合的动人图

1 吴命新编撰，《临县志》，成文出版社，民国6年（1917年）。

图1-5 李家山村中生活画面

B-06
B-13
“董生”院
“李福田”院
宝善处
“李建新”院
桂兰轩
“西财主”院
A-02
B-11
A-03
B-17
“三层”院
A-04
“新窑”院
A-09
“麒麟”院
惠迪吉
A-13
A-12
D-01
“诗礼传家”院
D-03
B-19
“东财主”院
李家山

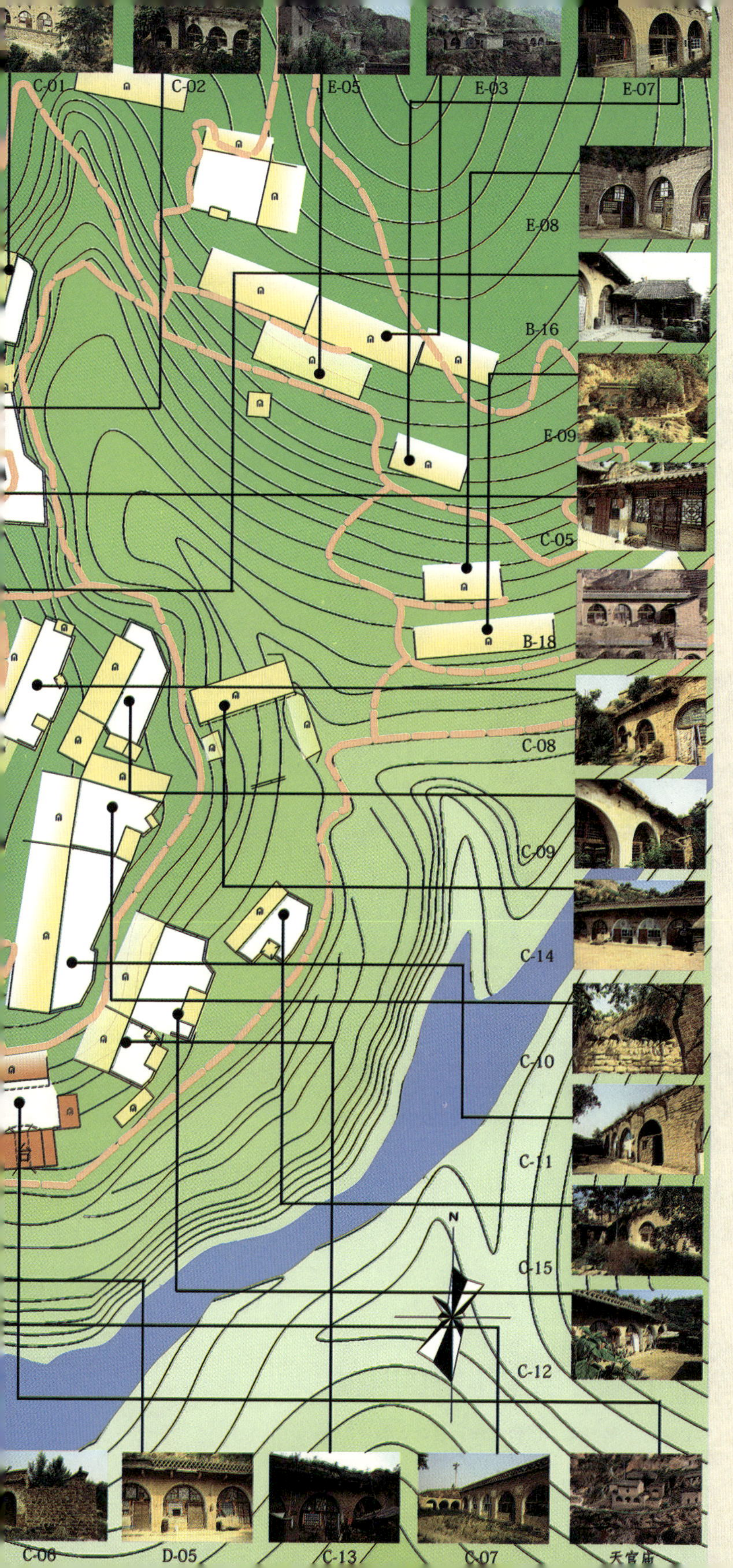


图1-8　李家山古村遗产资源分布图[1]



1　图中院落名称编写原则：编者按照院落位置分布，将古村院落编为A（大村西侧）、B（大村东侧）、C（小村西侧）、D（凤尾）、E（小村东侧）五组并编号（村落位置描述详见第二章）。院落若有名称则用其已有名称；院落若没有名称则按照其现主人名字命名；院落若没有名称且目前无人居住，则按照编号命名。

图1-6 吴冠中的画

图1-7 西村幸夫题词

画，成为旅游家、摄影家、画家的游览胜地（图1-5）。著名画家吴冠中（1919～2010年）[1]称李家山为“汉墓”，他说：“从外部看像一座荒凉的汉墓，一进去是很古老讲究的窑洞，古村相对封闭，像与世隔绝的桃花源。这样的村子，这样的房子，走遍全世界都难找到”[2]（图1-6）。后来，他将李家山与武陵源、黄土高原并列为他一生的三大发现。而东京大学副校长、工学研究科都市工学专业教授西村幸夫[3]在2004年参观李家山古村后说：“对我而言是很惊异的体验，从前的印象窑洞建筑史是很简陋原始的生活方式，但在李家山则是很完美地和自然结合”[4]。他还为此题词：“李家山是世界上最美丽的村落，我觉得非常感动”（图1-7）。李家山古村是艺术家们的世外桃源，是人与自然和谐共处的完美诠释，更是中国文化史上的珍贵遗产（图1-8）。

1 吴冠中（1919～2010年），江苏宜兴人，当代著名画家，油画家，美术教育家。
2 翟墨，《圆了彩虹/吴冠中传》，《博览群书》1997年09期，光明日报社。
3 西村幸夫，1952年生于日本福冈市，国际知名文物古迹保护专家，毕业于东京大学，工学博士。
4 李世耀主编，《李氏族谱》，山西省临县碛口镇李家山村李氏族谱编纂委员会，2004年。

## 2.李氏溯源

李家山原名陈家湾，只居住着陈、崔两姓人家，后因李氏迁入并逐步兴盛而改名为"李家山"。而李氏一族在李家山的历史中起到了决定性作用。

李氏先祖李端在明成化年间（1465～1487年）迁到这里，距今已经有500多年的历史[1]。《李氏族谱》[2]中记载"始祖李端，明成化年间，由临县上西坡村迁往临县招贤都三甲李家山村"。而对于其渊源的考证，《李氏宗谱·序》[3]中有较为详细的记载："追溯李氏始祖来源，有谓系下西坡村迁来。绍与民国26年（1937年）亲诣县南十五里，安业村南之李氏祖坟，实地考察。见有乾隆四年（1739年）重修祖坟碑文，上载招贤都三甲李家山，成家庄等村名，确系西坡支派无疑。又祖坟碑载，始祖李天杰由陕西米脂县来，与先严传述，李氏系由陕西米脂兑九圪凹步记村迁来直说适相符合"。

到第三世的时候，李端的四个孙子将族谱"分薄四本，由始祖至五世祖下，分支录之"，从此有了"四支四衍"的说法（图1-9）。这四个人为"四支"，而他们又各自衍生分支，即第四世，此为"四衍"。李端的长子为李孝[4]，他的独子李士美为"大门"，其后代主要分布在小村的西侧山坡上。李士美的两个儿子分别以"大门之大门"、"大门之二门"相称。李端的次子李有生有三子，长子李士宾为"前街"，其后代主要分布在大村东侧和西侧山坡上。李士宾的四个儿子依次以"前街大门"、"前街二门"、"前街三门"、"前街四门"相称。李有的次子李士朋为"下街"，后代主要分布在大村靠近村底咸沟的地方。李士朋的后辈也有"下街大门"、"下街二门"、"下街三门"、"下街四门"四个衍生。而李有的小儿子李士少为"上街"，后代主要分布在大村和小村相接的地方，靠近村北。李士少的后代同样有"上街大门"、"上街二门"、"上街三门"、"上街四门"的衍生。后来又有"四支四街外一门"和"四支四街外二门"。《李氏宗谱》记

1 李端为第一世，到《李氏族谱》记载为止（2004年），李氏已经传到了第十六世，包括迁出村外的人口，目前约有李氏子孙3000余人。

2 《李氏族谱》是由李氏一族后人李步英（第十一世孙）、李世耀（第十三世孙）于2000年发起成立的李氏宗谱编修委员会根据留存的《李氏宗谱》、《李氏宗图》、地方县志和史料，加上各地李氏族人的帮助重新整理编写的。之前的宗谱由于年久损坏，保管不善，经历战火，加之已中断了60余年，保存得并不完整。

3 《李氏宗谱》为李氏在原谱基础上，经历反复修缮，于民国28年（1939年）再次重修的宗谱。

4 《李氏族谱》载："根据原宗谱'观音庙成化九年钟文'记载，端祖名下应有三子，即长李三，次李仓儿，三为李有仓，但原谱只记两位，李孝与李有，不知何由，故不敢更改，姑按原谱世系整理，待后考正"。

载："守福系外户入籍，余李氏四世祖共同认可，故只得遵行遗志：与余李氏四世祖平列，乃系李氏四支四衍以外，而以四支四衍为家族者。"

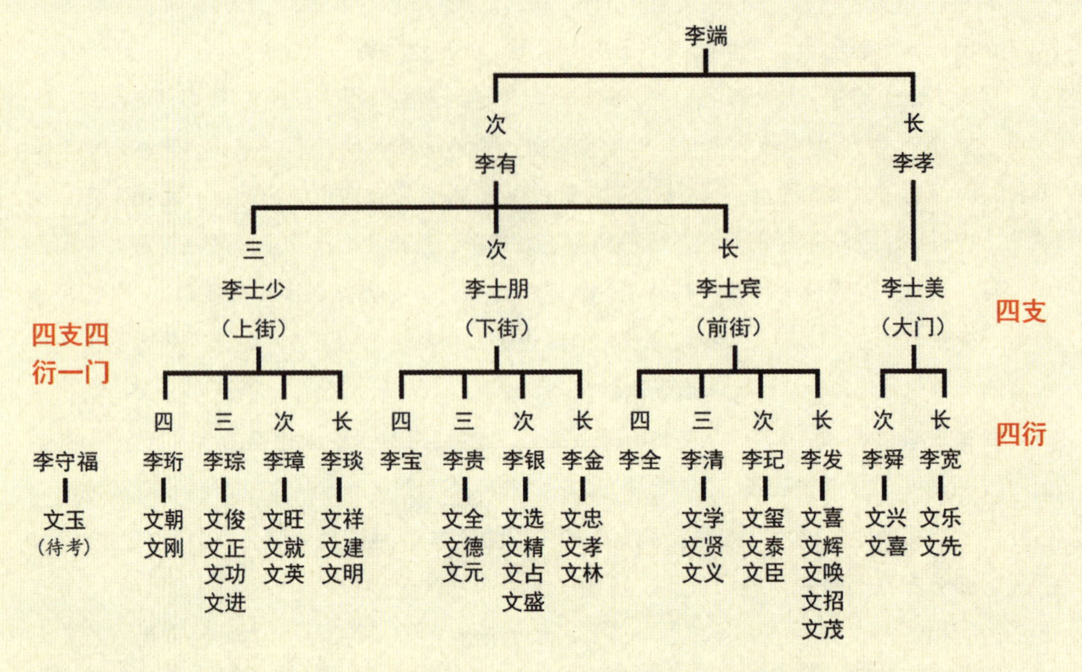


图1-9 李家山李氏前五世族谱[1]

从第三世起，李家开始根据辈分和分支论字排辈（第四世没有排），每个人的名字都会包含该辈的字（如第三世排"士"字辈：士美、士宾、士朋、士少）。直到第十三世才渐渐废弃这种做法。后有十二世孙李润宝所做《李氏辈字诗赞》[2]，包含了李家山李氏世代的辈字排分：

端公开宏基，辈字定人伦；
孝有贤良才，士支四衍分；
宽舜一路通，发玘清全跟；
金银贵宝随，琰璋琮珩同；

1 引自《李氏宗谱》。
2 引自《李氏族谱》。

守福外一门，文奇千古存；
廷试金榜中，含出状元公；
登高攀顶峰，应有进取心；
树大根深固，荣发枝叶浓。
考场夺魁首，世代英杰增；
敦出文武人，仁义礼智信；
孝当为现行，延绵恩泽永；
英雄排座次，慎重怀遗风；
葆存前辈志，常在五福门。
景色千里秀，胜利在前程；
堂门福寿图，华庭千祥生；
瑞气绕紫阁，和风惠吉人；
祥云降百福，兆喜家家临；
良师益友增，辰龙万里腾。

## 3.历史沿革

李家山因山坡陡峻，土地少而人口多，不利于耕地和农业发展，再加上其就近碛口的地理优势，所以，明清以来，世代村民多以商贸维生，或是半农半商，只有少数全靠农业为生，另外还有部分人从事文艺事业。

明代开始有人在李家山居住，至今已经有了500余年的历史。在不同的历史背景下，李家山经历了从建设、发展到兴盛、衰落的全过程（图1–10）。

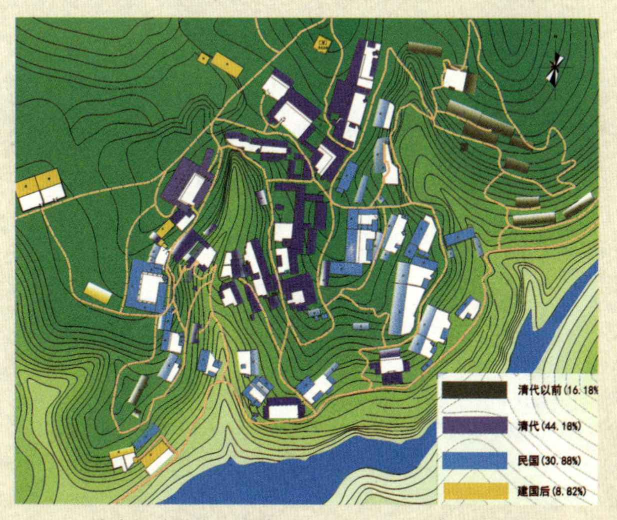

图1–10 李家山建筑年代分布图

（1）明代——简单的居住功能

明代时期，全村经济薄弱，因此建筑多是简单的“一炷香”窑洞[1]，只有少数殷实富有者才会修筑靠崖窑[2]。如今，“一炷香”窑洞因为使用功能较差，基本都被后期的其他形式窑洞所替代，或是在原址上重修。现在，遗留下来的这些“一炷香”窑洞也早已不住人了。

（2）清代——商业带动起家

清代时期，李家山的李氏家族开始在碛口镇的水旱码头从事商业活动，包括养骆驼马匹、做旱路运输、在镇上开店等。李氏家族在碛口镇的商业做得非常好，尤以当时的李登祥（第八世孙）、李带芬（第十一世孙）[3]最为突出，他们分别居住在大村的西侧和东侧，因此也被称作东、西财主。据当地人讲，西财主李带芬开的“三和厚”，东财主李登祥开的“德和店”、“万盛永”都是碛口镇上的大店。此外，李家山经商的行业种类也很多样，包括钱庄、银铺、丝绸布匹铺、麻绳铺、医药铺、盐碱行、杂货行、粮行等等，差不多占据了碛口古镇西市巷前后半条街，不少商铺甚至到今天还在经营。除了在碛口镇本地，李带芳、李杰士、李步斗等人甚至将生意扩展到了镇外的汾州、太原、陕西、宁夏等地。

不仅在商贸方面有很高成就，李氏家族在清代时还涌现了不少乡贤烈女。据民国6年《临县志》记载，大清同治年间，部分回族居民在陕西、临州等地滋事，大绅士李应贤（第九世孙）不惜百金出资帮助平乱：“招贤都李家山人，太学生。秉性忠厚，事亲以孝，与物无争。同治初，回匪扰陕，临永戒严，公出资助馕，不惜数百金。”[4]各界赠有“勤俭可风”、“行端表正”的匾额以歌颂他的行为。此外还有李生香（第七世孙）为官清廉，受百姓爱戴，也被赠予了“年高德昭”的匾额。另有李树芳之妻冯氏，“幼承家训，娴习礼仪，十六岁于归……二十六岁夫病殃殆，无子。遗一女方四岁，念此弱息，未忍弃捐，虽殉夫不遂，尝

1 “一炷香”窑洞，穷苦人家简陋而狭小的窑洞。详见第三章。

2 靠崖窑，直接开挖在土崖上的窑洞类型。详见第三章。

3 带芬先生（原名李荣锦），又名步升，考名带芬，字香亭。生于咸丰五年十二月十一日，享稀寿七十有六岁，亡于民国19年7月8日，即旧历六月十二日。充任村长十有一年，殁后村人爱戴，同送“德著乡闾”匾额。民国19年10月19日有报刊载李公香亭遗像，高9厘米，宽6厘米，并载有李公香亭遗像赞云：“番番良士温温恭人威仪定命道德润身息之深者达之衅涅不缁兮磨不磷睹公遗像益信饰貌矜情之不可假而粹面盎背之自有真”——引自《李氏族谱》。

4 引自民国6年《临县志·卷十九·乡贤录第二·义行》。

自命未亡人……现年（民国6年）八十岁，守节已五十四年，主持家政井井有条”[1]。《李氏宗谱》也有记载：“钦旌节孝，临县文庙有位，大总统奖给‘节励松筠’四字匾额”。

凭借积累的财力，李氏家族在村内建了很多宅院，这些宅院大多装饰精美，质量优良，代表建筑有“西财主院”、“东财主院”、“桂兰轩”等。除了居住建筑，李家山还曾在清代时期修建了四座庙宇建筑，但如今只有天官庙保留了下来。另外，在李带芬先生的带动下，还建起了学堂。《李氏族谱》载：“清光绪二十七年，碛口通判祝荔邨，创办永临义学，请府君董其事。府君以黉舍之兴废，系国家之盛衰，而于地方文风，亦大有裨补，于是毅然担任，惨淡经营，不遗余力，监督工程，虽盛暑不少懈，历半年之久，校址落成”[2]。学堂营造了读书、学习的教育氛围，为李家山的教育事业起到了极其重要的推动作用。

而在李氏家族壮大、财力富足鼎盛的时期，李家山也曾遭受过自然灾害的侵袭。光绪三年（1877年）、光绪二十六年（1900年）两次大旱灾，李家山村民饿得吃树叶子。有些人甚至人饿死了，有些人则逃荒去了河南。老辈人流传说：“光绪三年旱的宽，秋不收，麦不安”。旱灾多年之后，村民的生活水平才慢慢回转和恢复。

（3）民国——村内进一步建设和完善

民国时期，李氏家族财力进一步壮大，在原村的基础上又建设和修缮了许多宅院。保留至今质量较好，具有代表性的建筑有“新窑”院、“惠迪吉”、“诗礼传家院”等。

这个时期的特殊背景，使得李家山在商贸以外的政治、军事、文教乃至革命事业等方面都出现了人才典范。如远近知名，受百姓爱戴的李带芬绅士，他在清末就积极为村里人办事，到了民国初期，他作为村长，仍为李家山鞠躬尽瘁。《李氏族谱》中记载：“府君秉性慈祥，好善乐施，值饥馑之岁，襄办账务，至再至三，活不可以数计。族中贫乏者，每有婚丧等事，即出资襄助；清明无力祭扫，暨岁暮不能举火者，酌给钱米。赖府君之力而老有所终、幼有所养，约计不下数十家。凡建筑庙宇，修理道路、桥梁诸善举，竭力提倡、捐资。民国9年，前省长阎公，饬各县举办村政，府君充任村长十有一年，主张公道，热心爱群，六政以外，兼办三事……”[3]。

1 引自民国6年《临县志·卷二十·列女传第三》。

2 引自德昌、淑昌、绍昌，《香亭府君行述》，《李氏族谱》，山西省临县碛口镇李家山村李氏族谱编纂委员会，2004年。

3 引自《香亭府君行述》，《李氏族谱》。

（4）抗日及解放战争——保家卫国的革命精神

抗战期间，李家村也受到了侵袭，所幸的是村内建筑并未遭到严重摧毁。彼时，村民纷纷拿起枪杆，奋起反抗。全村热血青年为保家卫国，纷纷参加到了革命的队伍里，上战场杀敌，有的人就此献出了自己年轻的生命。先有早期的地下党工作者李伯生[1]、原西南军区副司令李陈光[2]，后有抗美援朝营长兼解放军某医院院长的老八路军李守信等等。据1994年《临县志》[3]中革命烈士名单记载，李家山此期间为解放中国、建设社会主义事业而牺牲的烈士有：李祥麟[4]、李来元、李根庆、李藩治、李迟宝、李庆林、李明杰、李友德，另外牺牲在战场未归的有：李还银、李柱柱、李步禄、李奇昌、李捻锁、李念泉。

因战火影响，不少村民颠沛流离，转辗到全国各地，尤其以蝗蝲峪、镇川堡、三边、榆林、清涧、瓦窑堡、延安、西口等地为多。

与此同时，在李考瑜先生的带领下，结合李家山悠久的文艺传统，村里创办了“汾湫河剧团”。该剧团诞生在这样一个特殊的时期，不仅有它本身的文艺创作意义，更被刻上了深深的红色革命精神。剧团奔走各地进行演出，推动了革命“星星之火”的发展。

（5）新中国成立后——逐渐衰退

到了新中国成立后，全国的铁路和公路有了快速发展，在很大程度上取代了过去的码头运输，于是碛口古镇丧失了原来的水陆码头的优势，商业地位逐渐下降，李家山许多依靠商业为生的村民不得不另谋生计。同时，山上因用水、交通、教育方面的不便利，使古村的发展受到影响，一些村民开始外迁。

---

1 李伯生（字），“原名树贤，学名德厚，化名树芬，原山西省吕梁地区贺昌中学校长，是应俊之独男。1905年生于李家山，1995年逝于离石。是我县最早的地下党人之一，也是家乡教育界的杰出人才。”——丁宝供稿，润宝撰文。引自《李伯生传》，《李氏族谱》。

2 李陈光，“军级干部，一九二四年生于山西临县李家山。幼失父，一九三八年参军，时年十五岁，曾跟刘伯承、邓小平南征北战，为中国解放事业做出很大贡献。”——引自《族人简介（部分）》，《李氏族谱》。

3 临县志编纂委员会主编，《临县志》，北京：海潮出版社，1994年。

4 李祥麟，“别名奴新，男，一九二二年生于故乡山西临县碛口李家山村，一九三七年参加革命队伍，一九四八年全国解放战争中牺牲于陕西延安洛川战役，时年二十八岁。”——引自《祥麟烈士传》，《李氏族谱》。

# 二、非物质文化遗产

## 1.文艺传统——伞头秧歌和道情文艺

李家山在历史上一直以文艺传统闻名于周边地区，村里各种文艺人才广泛。有民谣唱："八堡的剧团白文镇的戏，李家山一村家搞文艺"，说的就是李家山广出文艺人才，享誉周边。而在众多文艺传统中，以"伞头秧歌"、"临县道情"等文艺传统最为典型，这两项都被列入国务院于2006年5月公布的首批国家级非物质文化遗产。

### (1) 伞头秧歌

"伞头秧歌"是我国北方社火秧歌中的一种[1]，在临县广泛流传。表演队中的领头手执花伞，故称"伞头秧歌"。秧歌表演与祭神活动相关，集中在春节期间，人们载歌载舞，感激过去一年神明给予的收获，祈祷未来一年继续风调雨顺、四季平安（图1–11）。

图1–11 德国友人参加碛口镇的秧歌表演

清代时期的伞头秧歌表演仪式隆重，队伍从前到后依次有打道神（木制或纸制）、写了村名的号招和号灯、各色执事（有代表五行的彩旗，或日月扇、星位牌等）、乐队（锣、鼓、钹、镲等）、黄罗伞盖、伞头歌手、秧歌表演队等。秧歌表演队一般从正月初二持续表演到正月十五，初五前祭神拜庙，初五后走街访巷，为村里的新婚夫妇、新生男婴、新建宅院送去祝福。

随着时代背景的变化，秧歌队的形式及表演内容也不断变化。民国时期，人们的祭神意识薄弱，伞头前的仪式就简约了许多，伞头也从黄罗伞改为了遮阳雨伞，但乐队增加了唢呐，表演内容也增加了武术、高跷、霸王鞭等。表演范围不再局限于本村，而是会在村与村间相互往来。

1 社火，即古代所称"赛社"。古代社火之日，乡民举行迎神赛会，鼓乐、仪仗、杂戏迎神出庙，周游街巷。

抗战时期的秧歌表演则是富有着浓厚的革命精神，彩旗变成了红旗，星位牌改为领袖图像，伞头改为长柄五角星，祭庙改为了拜祭烈士、英雄。新中国成立后，秧歌表演恢复了原来的传统，并开始歌唱新时代新生活，每年各村表演队还会集中到碛口镇上交流比赛，俗称“检阅秧歌”。李家山的秧歌队在这个时候总有出色表现，往往力夺锦旗，名声大噪。

（2）戏剧文艺

李家山戏剧文艺多种多样，如道情、晋剧、二人台、话剧、小品等。不同的历史背景下，有不同的艺术表达形式。其中道情文艺可以说是当地最具代表性的戏剧形式。

道情是由道教的说唱表演演变而成的地方戏曲剧种，它与当地文化相结合，形式可以多种多样，是一种集文学、表演、音乐、唱腔、歌舞、美术等于一体的综合性艺术形式。临县道情是吕梁土生土长的地方剧种，表演以小生、小旦、小丑为主，唱腔有七字调、十字调、跌落金钱、一枝梅、高调等十多种调，乐器由管子、三弦、简板、锣、鼓、镲等配合节目穿插结合。

图1-12 村内的文艺老人

李家山的道情文艺与生活息息相关，充盈着浓郁的乡野生活气息。族人们不仅在逢年过节有道情表演活动，更是将这些表演融入了日常生活。他们自己购置乐器，在劳作闲余的时间里，几个村民聚在一起吹拉弹唱，热闹非凡，大大促进了李家山的艺术发展。

20世纪40年代，李家山正式建起了剧团，即“汾湫河剧团”，不仅在村内时常有大大小小的表演，还经常到全县及周边各地进行演出。尤其在抗日战争和解放战争期间，剧团自编、自导、自演革命现代戏，走遍晋陕解放区进行文艺汇演，传播革命火种，令很多军民倍受鼓舞。剧团演出的现代戏有《王贵与李香香》、《赤叶河》、《万象楼》、《牛永贵挂花》、《刘巧儿告状》、《刘胡兰》、《二溜子偷鸡》等。新中国成立后，剧团不断发展壮大，通过内外族人集资，添置演出设备、服装，聘请专业教师，建立完善的培训组织。他们的艺术活动得到了业界的认可，经常赴各地演出，社会知名度很大。此时剧团的表演内容开始由道情戏转向晋剧。

“文化大革命”期间，剧团受到了一定冲击，受形势所趋，剧团彻底解体。但李家山的文艺传统并没有就此消失，村里的戏剧演员、乐器演奏者仍生生不息地延续着李家山的文化与艺术，甚至比以前娱乐性的表演变得更加专业化和职业化。到20世纪80年代初期，在全国上下倡导改革开放、文艺解放的氛围下，李家山的一些艺术家们又开始活跃起来。村里有自己的文艺队伍，许多演员、乐器人才等被外聘到其他剧团，也有的自发组织了一些小班子，赴各地表演，创作形式也逐渐转为现代小剧，如二人台、小品等。

## 2.民间传说

李家山有很多民间传说，其中最著名的是“麒麟传说”。《李氏族谱》中记载：“据传雍正元年六月初一日晚间，前街某支派（前街分簿记载为廷芝）所养牝牛生一麒麟。适遇其妻临盆，腹痛异常，某以麟为怪物作祟，将麟击毙，子亦遂卒。厥后某恐毙麟有罪，逃亡陕西吴堡县后畔村居住。先是是日晚间，河水暴发后，黄河东岸塌出水地数百亩，故有‘一日三进宝’之传语云”。

传说，清朝雍正元年农历六月初一晚上，李家山村李廷芝家所养的一头母牛，在怀孕一年半有余后，突然生下一怪胎。怪胎有鹿身、狮尾、牛蹄、龙角，李廷芝用铁锹碰触它时，它竟然将铁锹吞到了肚子里。李廷芝唤村民来看，都觉得这是不祥之兆。这时，李廷芝的妻子也突然分娩，腹痛异常。李廷芝以为是怪物作祟，于是便用木棒将怪物打死，之后却发现妻子生下的儿子也死了。李廷芝一家非常悲痛，将儿子与怪物埋到了山下的黄河滩。当天夜里，李家山突然乌云密布，电闪雷鸣，大雨倾盆，黄河暴涨。第二天，人们发现黄河在山下东岸冲击出了数百亩水地。事后，村里来了一位学识渊博的老者，听到这件事，遗憾地说：“那定是千年不遇的麒麟送子，牛生麒麟猪生象，骆驼生的四不像。麒麟送子，黄河淤滩，一日进三宝，这本是大吉大利的事呀！可惜……” 那时，生下麒麟是要上报朝廷的，李廷芝怕打死麒麟有罪，就携全家逃往陕西去了。

这个故事广为流传，成为当地民间文学的重要代表。李廷芝所居住的宅院后来被命名为“麒麟院”（图1–13），山下的滩涂则被称为“麒麟滩”。

图1-13 传说中麒麟降生的“麒麟院”

## 3.民风民情

李家山村至今仍保留了许多民间的生活风俗和习惯。窑面上悬挂的玉米、辣椒、干粮，窑顶上持扇纳凉聊天的村民们，石磨旁洗菜择菜的妇人，院台上缝针弄线的老人，坐在院口的板凳上捧着大碗吃面的夫妇，在村里的小道上嬉戏打闹的孩子们……无不体现着浓浓的乡土风情（图1–14～图1–17）。

### （1）日常生活习俗

李家山古村民风淳朴，可以从它身上看出中国旧时一些日常生活习惯和习俗的缩影。一些家庭仍用摆在院内或大门外的石磨、石碾加工粮食；比起坐在饭桌旁规规矩矩地吃，村民更喜欢聚在一起，蹲坐在院外，或者天冷时坐到炕上，捧着一个大碗，开开心心地吃饭；冬天的采暖方式还是烧煤热炕，不光炕头上热乎乎的，整个窑洞里也特别温暖；室内常常能看到挂在墙上的，贴满了照片的大相框，上面是屋主家人的一张张笑脸；村里至今仍使用旱厕，大部分的旱厕上方甚至没有遮蔽物，只有一圈院墙围合。这些生活习俗看似

图1-14 弄针线的老人

图1-15 碾谷子的妇女

图1-16 淳朴的孩子们

图1-17 李家山的老人

简单细小甚至落后，却也实实在在是随着我国的发展和进步而逐渐消失的乡土文化（图1-18～图1-20）。

(2) 饮食和特产

李家山村民的饮食比较简单。早餐一般是小米钱钱（捣扁的黄豆）稀饭为主食，午餐

图1－18 B－6院前的石碾

图1-19 “桂兰轩”正房内的照片墙

图1-20 “董生院”旱厕

和晚餐的主食是各种面食，如白面、豆面、高粱面、玉米面、炒面（高粱、黄豆炒熟磨面）等，做成手擀面、扺尖、土豆擦擦（土豆擦成扁条状，拌上白面、高粱面或玉米面）等形式（图1-21）。菜肴也都是自家种植的，南瓜、西葫芦、萝卜、豆角、茄子等，通常是几种菜烩成一锅来吃。当家里来了客人时，食物会更丰富些，还会加几样小凉菜。

红枣是李家山的一大特产（图1-22）。山上种植大片枣树，到了秋收的季节，各家的宅院里都晾晒着漫红一片的大枣。红枣吃起来又脆又甜，村民不仅自家吃，还用来招待客人。而大部分的红枣被贩卖外地，成为村民收入的一个重要经济来源。

(3) 婚丧庆祭

除了逢年过节，拜祖祭庙，村内凡是嫁娶、生育、满月、葬丧、新宅落成等类的活动也是非常热闹的。

例如嫁娶，古时结婚礼仪程序非常多，若是初婚，则有“六礼”：纳采、问名、纳吉、纳征、请期和迎亲。纳采为男方家请媒人向女方家提亲，女方家同意后，男方家正式备礼求婚。问名为男方家请媒人问女方的名字和生辰。纳吉为男方家将男方、女方的姓名、八字在祖庙占卜，吉祥则定下婚姻。纳征为男方家正式下聘，俗称“送钱”，男女双方用白面捏“双鱼”、“莲花”等代表吉祥的食品，在纳征仪式上互换。请期为男方家选定婚期并征求女方家同意。最后迎亲是新郎到女方家迎娶新娘。在当地的传统中，男方家给的礼金不宜过多。民国6年《临县志》载：“古者婚六礼，后约为三，临县谓纳采为定亲，纳征为送钱。定亲日缙绅之家男家写庚帖并首饰、衣料、礼单内备财力不过十数千钱……女家以多受财礼为耻”。

图1-21 碛口民间面食文化荟萃展

图1-22 李福田家的老奶奶和红枣

图1-23 李家山当地葬礼

葬礼的讲究同样很多（图1-23）。1994年《临县志》记载：“旧社会，县人对葬丧当作大事操办，世代相传，礼俗繁琐。老者临终，晚辈需候于身旁，断气后，即行盥洗，理发，穿寿衣，放置‘口含钱’。寿衣一般穿三至五件，富家穿七件至九件，穿单不穿双，穿蓝不穿青，忌毛类着身”。

民国时期至新中国成立后，很多传统习俗都已经淡漠了。但即使到了如今，村里凡是哪家有婚丧庆祭一类的活动，仍是大办宴席，请乐队吹拉弹唱，大肆装饰宅门宅院。喜事热热闹闹，欢天喜地；丧事伤情满天，悲痛万分。

【第二章】

# 李家山古村的空间布局

KONGJIAN BUJU

# 一、村落的选址

聚落作为人类日常生活的基本单位，在其生长壮大的过程中，受到很多自然和文化因素的影响。《汉书·沟洫志》这样描述聚落的形成：“或久无害，稍筑室宅，遂成聚落”。村落作为最基本的聚落形态，也遵循着趋利避害的自然选择。

## 1.村落选址

李家山古村坐落在碛口古镇以南的黄土山坡上，其所在的群山与碛口古镇北侧的“卧虎山”两相对视，间夹湫水河。因古村所在山头形似一只凤凰，故当地人也称之为“凤凰山”。“凤凰山”位于群山环抱之中，北有村梁圪垯，再往北有后垣、大墒；南侧紧邻咸沟，与袁家坡、大圪垯临沟相望；西侧有山羊村、凹财圪垯；东侧为柳和咀[1]（图2-1、图2-2）。与古村临沟对峙的大圪垯、袁家坡等丘陵大多用于耕种。

李氏先人于明代迁至此处时，观“此村系凤凰形。砂环水秀。又为可爱。将欲取之”，于是请风水先生作评，曰：“次X系艮龙庚向。东山月出中格穴也。毋逶迤者恐丑寅气入也。富而且贵龙之应。文而右武向之应也”[2]。李家山周边大大小小几个山头，围合出具有向心力的空间形态，即山谷空间，可使这一聚落有较强的凝聚性，增加了居住此地村民的安全感。

图2-2 李家山全景照片

1 山体的名称均来源于当地居民口述，地方志中没有记载。因此大多数为村民的土语，如柳和咀指栽种柳树的山头，凹财圪垯指能够聚拢财富的山头土包。山羊村为牧民常去放羊的山头，并非聚落。

2 引自《李氏族谱》。

图2-1 李家山区位地名图

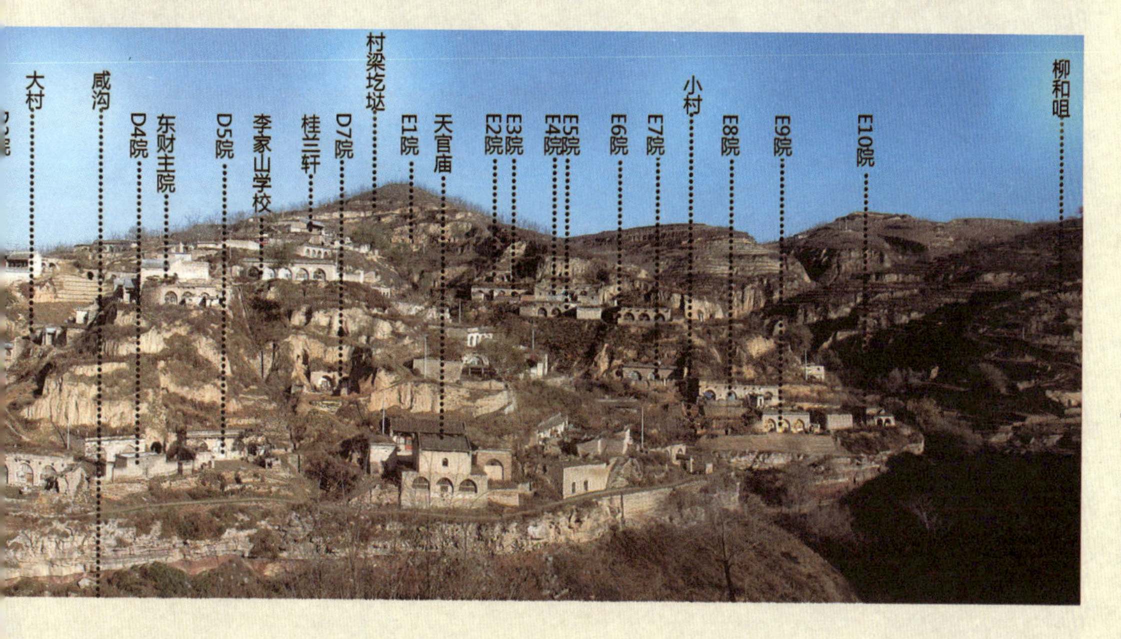

## 2.选址的分析与评价

李家山选址的特点，主要表现在下面两个方面：

（1）选址山间沟前

山地的传统聚落，有的选址于山头，有的选址于山底，有的选址于山谷间。李家山古村选址于山间沟前，有其选址的优越性。首先，如果选址于山底，很容易受到洪水的侵袭，而位于山谷间的话，可以有效地避免这一灾害的发生。李家山南侧是垂直而下的山壁，濒临深沟，雨季时大雨汇集到咸沟里，而不会聚集在村落里，造成村内积水。其次，山谷间有利于修筑窑洞，挖山为窑，覆土厚实，冬暖夏凉，发挥窑洞建筑的优势。此外，由于李家山村中下面一层窑洞的垴畔往往做成上面一层窑洞的院落，形成李家山独特的立体空间，同时也为居住者提供了良好的视觉环境（图2–3）。

当然，这样的选址也有一定的弊端。李家山古村所在的凤凰山山势陡峭，较大的坡度加之黄土高原固有的酥松土质，使得水土流失现象严重。山体的水土流失对于村落的

图2–3 李家山大村西侧建筑群俯瞰照片

不利影响是非常致命的，可能造成窑洞的坍圮（图2—4）、山路的断裂、平台的塌陷以及沿沟道路面积的减小，影响到村落居民的生活，甚至威胁到了村落的长久存在，因此建立一套完善的排水固土系统极为重要[1]。

（2）平地种田，山地建房

李家山的选址遵循了古代聚落“山地建房，平地种田”的特点（图2—5）。由于山地聚落适宜耕种的平地或丘陵较少，因此，居民尽量将肥沃的平地或丘陵用于耕种，而住房问题则退居其次，选址在临近的山坡上。无独有偶，以京西山区的爨底下村为例[2]，其两翼山头中夹平原，背靠大山，村子便是从山脚下起建，逐层往上，而将大量的平地作为耕种用的良田。

图2—4 凤身东侧坍圮的窑洞

李家山村南面为袁家坡、大圪垯等，属丘陵地貌，是逐级而成的梯田，比较适合于耕种；而凤凰山头，山势较为陡峭，坡度很大，不利耕种，适合于挖山筑窑。这样，就形成了李家山村现在的“居”、“田”两地，中隔深沟的状况。

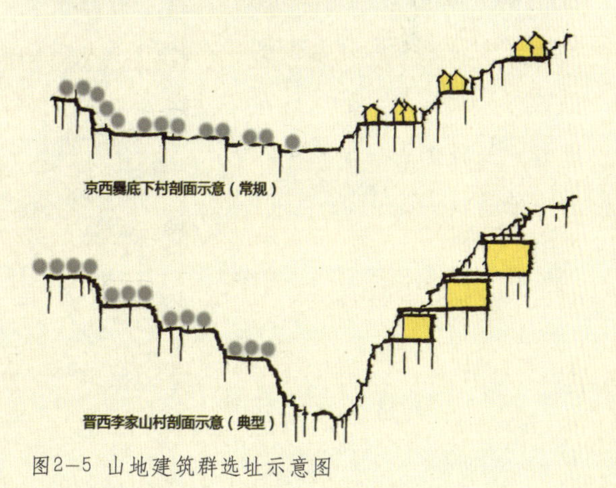



图2—5 山地建筑群选址示意图

山村前有一深沟，只有在雨季，水量充沛时才有水。沟内水质咸而苦，不能饮用，故名曰“咸沟”。咸沟东南靠近小村处，有三口井，内壁为石头砌筑，铺设条石供人歇脚，水质较好，可供村民饮用，也能灌溉田垅。

1 详见本章“道路格局”中“排水系统”。

2 爨（cuan）底下古村位于北京西部门头沟山区，2003年被建设部和国家文物局公布为首批中国历史文化名村。

# 二、村落格局

李家山村从地理位置上大致可以分为凤身、凤头（庙梁上）、左翼、右翼四部分（图2–6）。以民居的所属权分类，可以分为大村、小村：大村为李氏所有，建造年代较晚，建筑规模较大，保留较好，主要位于凤身、凤头和右翼；小村主要为原崔陈两家所有，建造年代较早，规模较小，主要集中于左翼和靠近左翼的凤身一侧（图2–7）。其中大村右翼与凤身间夹的山谷两侧的建筑群艺术价值较高，规模较大，可分为东侧建筑群和西侧建筑群，其大部分建筑分别为东财主和西财主所有（图2–8）。

## 1.建筑节点

节点，是指空间中起引导、围合、对立等关键作用的实体。实体，即山体、建筑等实物；虚体，即山谷、道路、院落等空

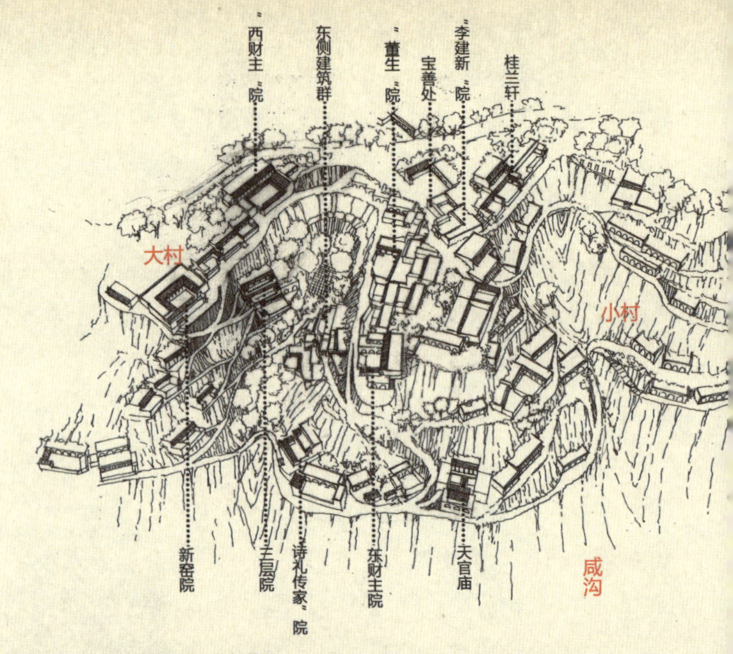

图2–6 李家山域主要建筑图

图2–7 李家山域建筑群指示图

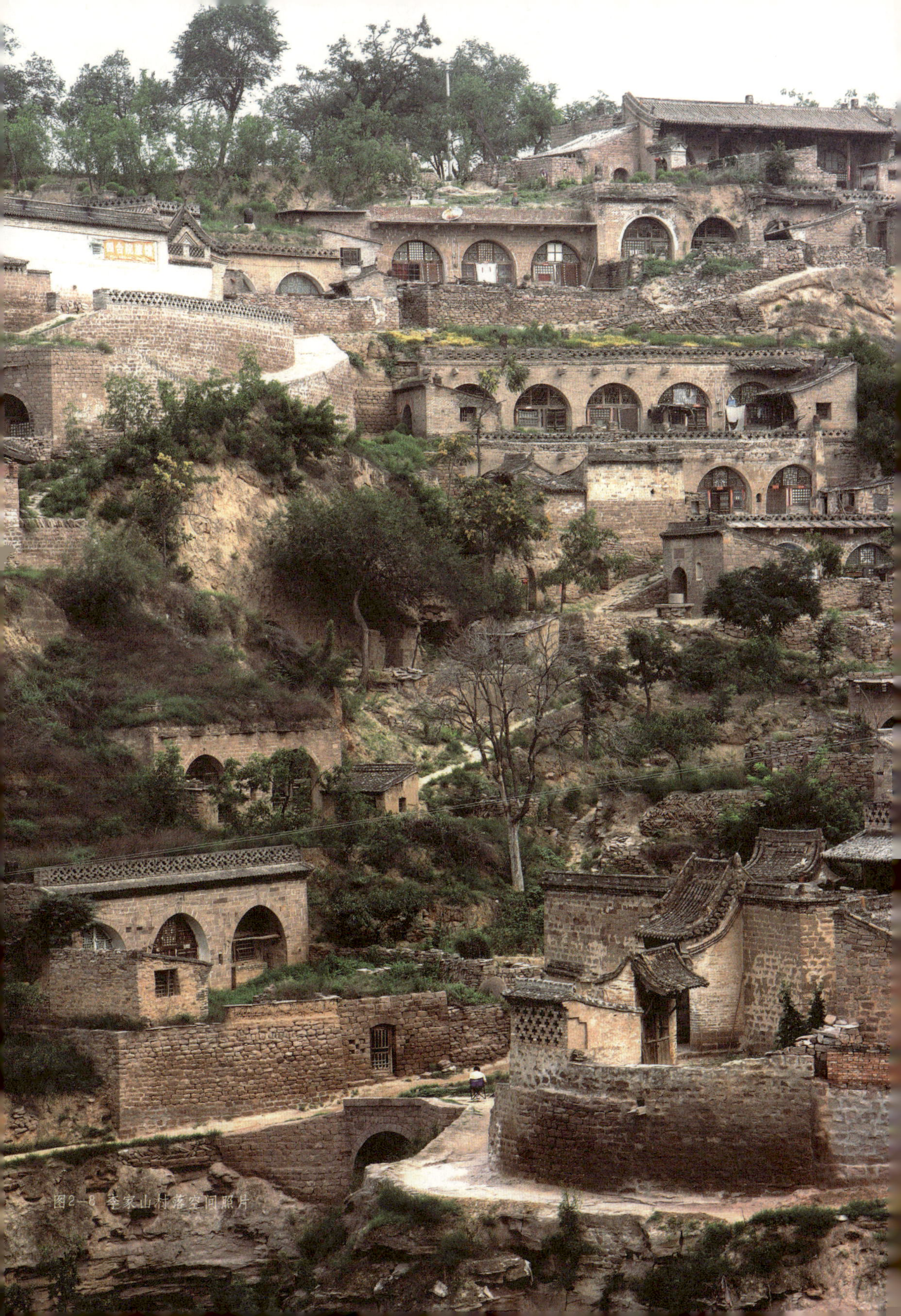

图2-8 李家山村落空间照片

间。虚实相互交织，相互烘托。李家山古村不同于其他传统的平川聚落，它没有形成很固定呆板的体系，没有形成由建筑围合的广场空间，也不需要通过广场来凸显主要建筑。相反，其主要建筑借助山势，以凸显在村落中的重要地位，而且能对村落的虚空间有着控制性的作用。几个重要的建筑节点都位于空间转折的重要位置。这些重要的建筑，聚拢于山谷之间，或由高点的建筑群俯瞰山谷，或位于最前端独领风骚。如“桂兰轩”位于小村最上端，凤头最高点，可以俯瞰小村全景，也能远眺大村，绝佳的院落位置，加之上乘的建筑质量，使其无疑成为小村空间的核心节点。又如凤身最南端（凤尾）的天官庙建在悬崖边，高耸的建筑外墙和悬崖深谷之间只有一条两米多宽的小路，没有大面积的广场作为建筑的铺垫，而是通过环形拱出的山体，将建筑和盘托出，使天官庙独占鳌头，峰回路转之间，将人引向质朴细腻的小村（图2–9、图2–10）。

图2–9 空间节点分析图

| | 虚实关系示意图 | 院落与地形关系示意图 |
| --- | --- | --- |
| 围合 | | 西财主院 新窑院 东财主院 大村山谷 |
| 对立 | | 桂兰轩 小村山谷 |
| 引导 | | 天官庙 咸沟 |

图2-10 空间虚实关系分析图

此外，还有右翼山脊上的“西财主院”，它既把持北部村口要道，也居于大村西侧建筑群中极为显眼的位置。同一侧远端的“新窑院”占据南段高地，成为右翼山脊建筑群的一个重要节点，也是从山谷里看去最为标志性的建筑。在凤身山脊最南端的“东财主院”，更是占据了最主要的地理环境。它位于整个村落最中心的位置，俯瞰大村，一目了然（图2-11）。这几处建筑群可谓主导着大村山谷空间，相互望去，作为空间的节点，极具标志性。

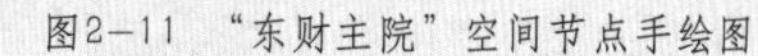

图2-11 “东财主院”空间节点手绘图

## 2.公共空间

由于李家山的道路蜿蜒曲折，高低起伏，主次道路没有绝对的界定，使公共空间也有了见缝插针、因地制宜的特性，虽然显得不成体系，但却使得空间变得丰富灵活。据笔者观察，很多居民闲暇时刻愿意坐在门前，晒晒太阳，唠唠家常（图2-12）。门前没有平地聚落的街道，而是将下层建筑的塬畔作为上层庭院的门前空间，这样，居民就具有足够的场地和极佳的视野，为公共场所提供良好的环境。久而久之，门前空间成为了游人驻足观看，村民聚集攀谈的公共空间（图2-13～图2-19）。

图2-12 狭窄的道路充当公共空间

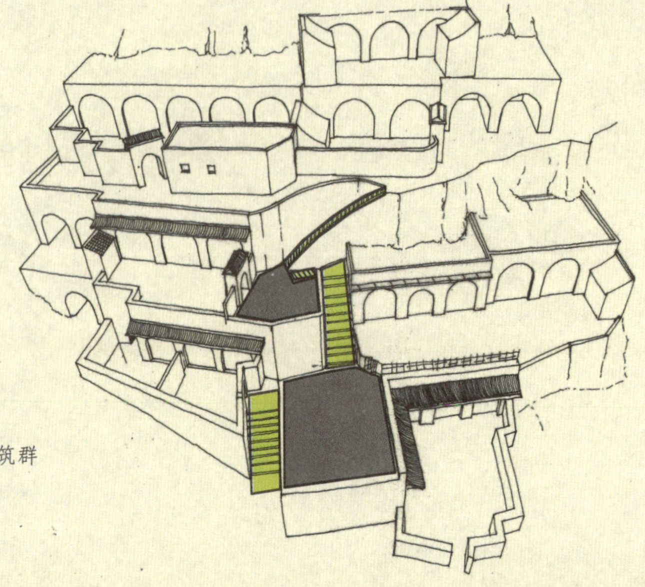

图2-13 东侧建筑群门前空间示意图

图2-14 东侧建筑群局部照片

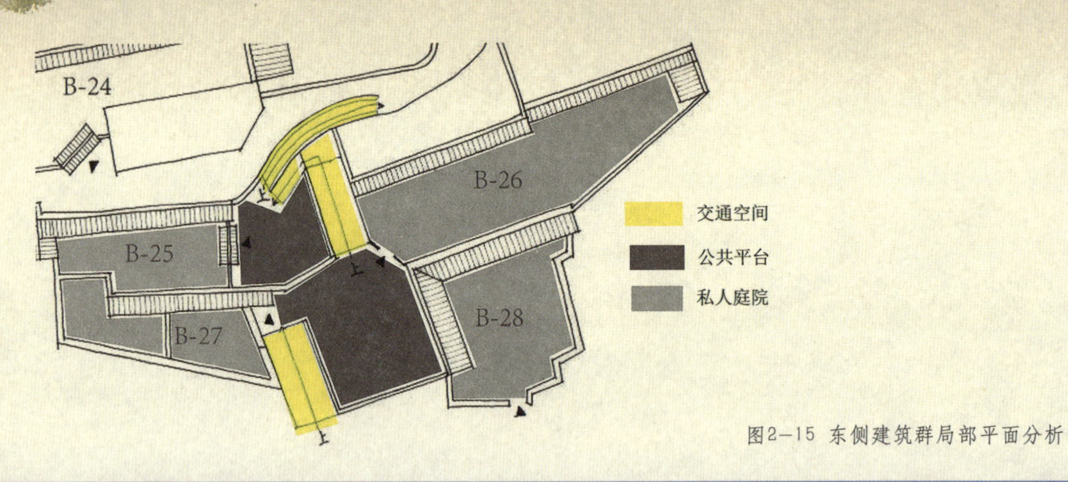


图2-15 东侧建筑群局部平面分析

图2-16 “桂兰轩”二层院门前空间

图2-17 “西财主院”后门外开放空间

图2-18 院门过渡空间手绘图

| 编号 | 实景照片 | 入口平面形式 | 剖面形式 | 院落名称 | 入院方式 | 形态分析 |
|---|---|---|---|---|---|---|
| 1 | | | 单坡向内 | 桂兰轩 | 平入 | 桂兰轩作为李家山较为主要的院落，入口的形式较为特别，门口有曲折的空间做法，增加了丰富性，回避晦气 |
| 2 | | | 单坡向内 | 李福田院 | 平入 | 李福田院作为李家山最为经典的一类入口形式，门的形式较为朴实，与院墙相接，呈一个较小的角度，院门单坡向内 |
| 3 | | | 双坡 | 李建新院 | 上入 | 李建新四合院落的院门相对较为精致，门前有较多灰空间，使院子地坪与院外地面有所过渡，调和高差 |
| 4 | | | 单坡向内 | B-16 | 下入 | B-16的入口空间是李家山典型的下沉式入口，由于外部地形的变化较大，通过入口空间的下沉结合室内地坪 |
| 5 | | | 双坡 | 惠迪吉 | 平入 | 惠迪吉建筑较为朴实，但入口空间较为精致，单坡的木构与单坡的砖构形成双坡院门 |
| 6 | | | 单坡向内 | 宝善处 | 平入 | 宝善处大门较为朴实，没有出挑的灰空间，维持了建筑外界面的统一，而是向内形成较深的门厅空间 |
| 7 | | | 砖砌檐口 | C-6 | 平入 | C-6也是李家山较为典型的门口形式，在转角处开门洞，门的制式等级较低 |

图2-19 院落入口形式分析图

### 3.边界空间

边界空间通过一些标志给人以暗示，如古树、古井，抑或是道路宽窄的变化、村口空间的收放。李家山村由于建立在山坡上，村落的密度并不是很大，只有小组式的建筑组团，组团之间通过或裸露的黄土，或较大的植被，或较大的高差相区分（图2—20）。而整个村落坐拥山头，北侧被大山环抱，峰回路转才能进入，如同世外桃源；南侧以断裂的悬崖岩体为界。如此可谓，村到尽头沟似岸，窑到顶层脊为峰（图2—21）。

图2—20 三层院手绘图

图2-21 建筑组团以山沟山谷作为边界空间

## 4.立体空间

空间是被实体切割后剩余的地方。相较于平川聚落，山谷空间是李家山颇具特色的立体空间。因为有了空间竖向的延展，加之建筑同坡同向的朝向布局，山谷中呈现出丰富的村落立面和立体空间，并且东西相对，试比高下，这也充分展示了窑洞这种建筑形式仅有的窑口立面。西坡望去气势如虹，东坡看来更为别致。

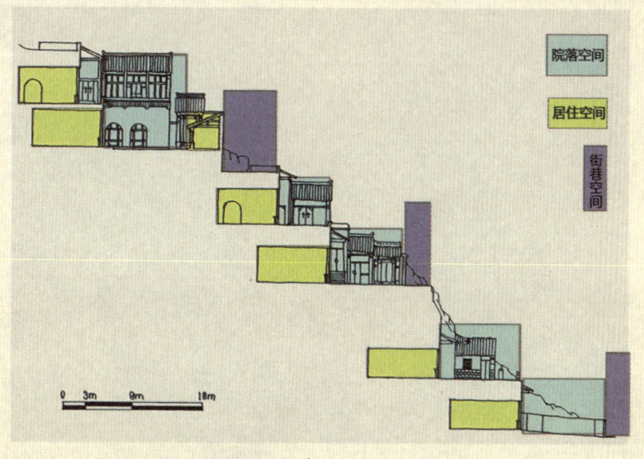


图2-22 大村东侧建筑群剖面图[1]

如图2-22所示的大村东侧建筑群，修建在45°的山坡上，每层可用地面空间从功能上被划分成三类：居住空间、院落空间、街巷空间。而这三者由于空间属性上的区别，导致了空间形式的不同。居住空间进深很大，高度较小，被山体或窑体全部围合，十分私密，从外部只能看到窑口立面，空间形态呈横向长方形；院落空间相对开放，通过院

1 陈志华编著，碛口古镇，中国建筑工业出版社，2004年，第183页。

墙、矮墙或篱笆围合，上不封顶，因而显得相对开敞，空间形态呈方形；道路空间占地面积较小，只有一侧是墙体，另一侧完全开敞，直接面向山谷，更无顶部限制，空间形态成竖向长方形。不同的空间属性导致了不同的空间形式，于是产生了丰富多变的立体空间（图2-23～图2-25）。

图2-23 大村东侧建筑群立面图[1]

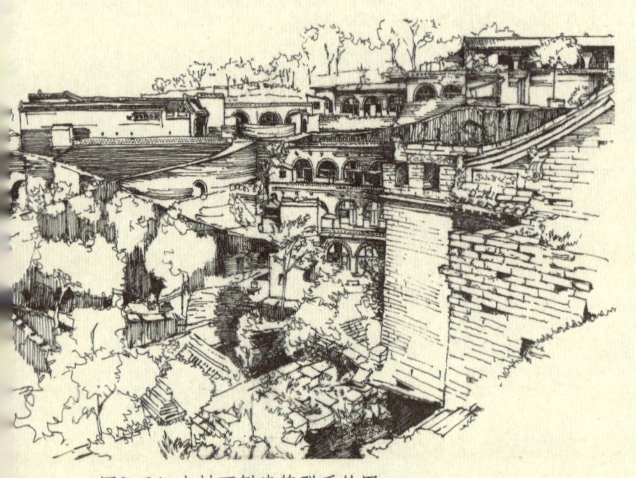

图2-24 大村西侧建筑群手绘图

图2-25 李家山大村西侧建筑群

1 陈志华编著，碛口古镇，中国建筑工业出版社，2004年，第182页。

李家山之所以会有独特的立体空间，主要归功于两个方面。其一，山坡陡峭。由于凤凰山山坡坡度十分大，很多建筑修筑在45°以上的山坡之上，每个院落之间的关系更像是现代“高层住宅”中层与层之间的关系，“之”字形的山路如同双跑的楼梯，连接不同高度的居住层（图2-26、图2-27）。因此村落的整体形态不再像传统平川聚

图2-26 李家山风身东坡建筑群

图2-27 三层院立体空间

落那样，只存在横向延伸的街道立面，而是增加了竖向立面的概念，这一点类似于高层建筑的立面，因存在多层而产生竖向立面。其二，窑洞与敞院交织蹉跌。窑洞属于实体建筑，敞院（主要指利用底层垴畔形成的平台）属于虚体空间，而这两样相互拓补，相互交织。实体的窑洞为上层的敞院提供屋顶平台，没有底层的窑洞，上层的敞院就更无从谈起。虚体的敞院为建筑与建筑之间留出空间，供居民活动。因而虚体与实体相互之间功能组合，疏密有秩。再加之每个院落的平面都是不一样的，建筑形式也各有千秋，使村落的立面形式十分丰富。窑洞需要靠山而建，这样从立面上看，上层的窑院后靠，下层窑院前突，在山坡上反映出不同的层次，使空间的灵活性大为增强（图2-28、图2-29）。

图2-28　“董生院”及周边院落立体空间照片

图2-29 凤尾D3院落立体空间照片

# 三、道路系统

李家山古村的道路和传统平川聚落区别较大，由于山地坡度大，无法形成大量建筑围合的街巷，于是为顺应山地陡峭地势的需求，形成了很多特点鲜明的山路（图2-30）。这些山路无论在功能上，还是在形式上（布局方式和尺度等），都具有独特的风格，因此带来了与众不同的空间体验（图2-31～图2-36）。

## 1.道路形式

道路系统是分割村落的主要元素。对于山地聚落而言，有些道路顺着等高线方向排布，因而划分出上下区域，各区域中没有高差[1]；有的街道垂直于等高线排布，适用于山势不是很陡峭的地区，这样的道路有高差，相应分割出的空间也是有层次的[2]（图

1 如京西门头沟爨底下村就采用这一形式。

2 碛口镇东部的西湾村采用这一形式。该村坐落在越30°的石坡上，占据着长约250米、宽约120米的狭长地带，由金木水火土五条依山就势的长街将全村所有的院落串通起来。

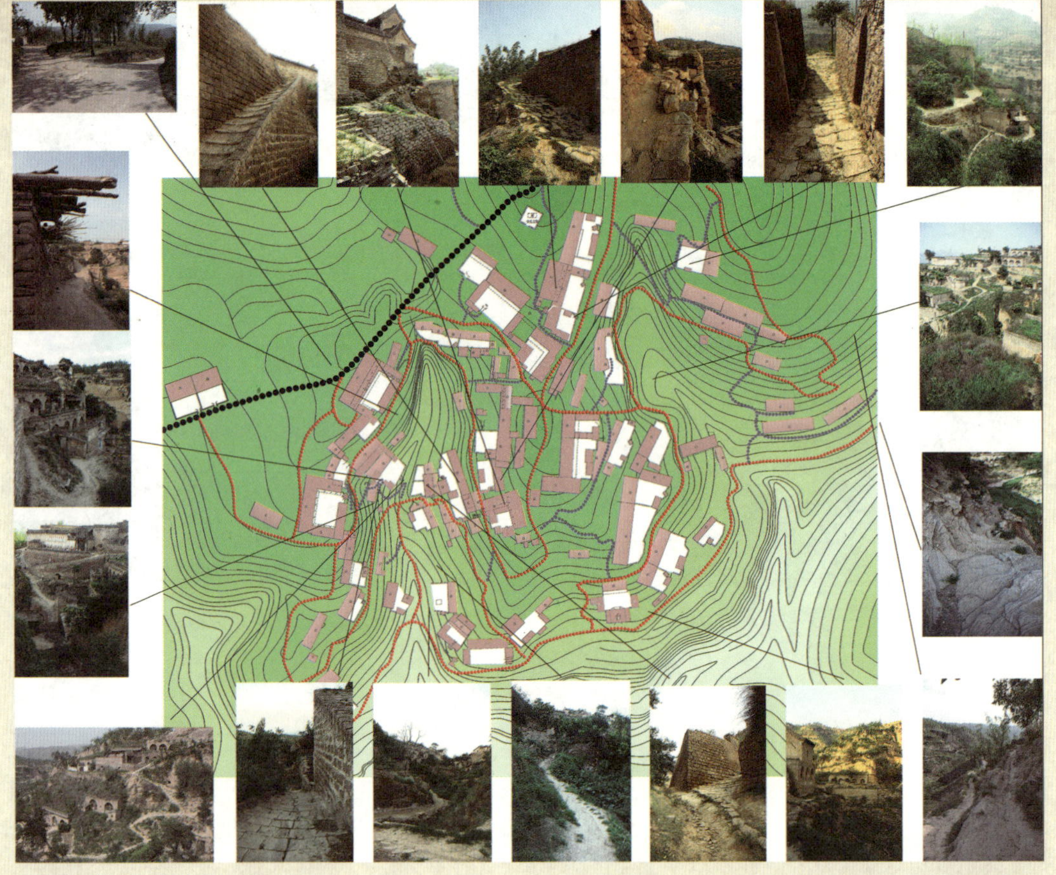

图2-30 村落主要道路分析图

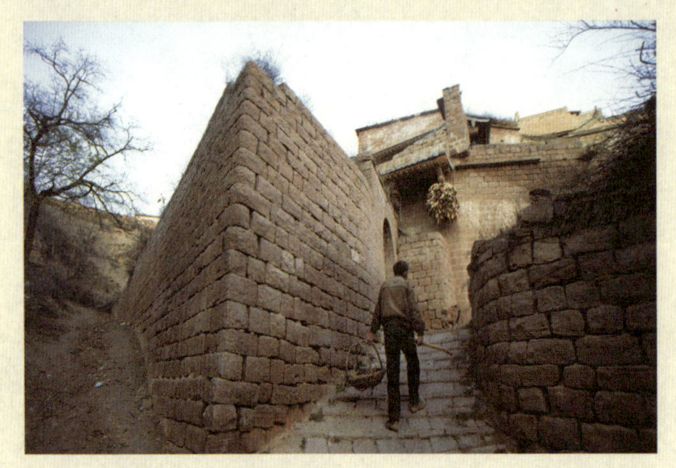

图2-31 大村山谷中分岔路口

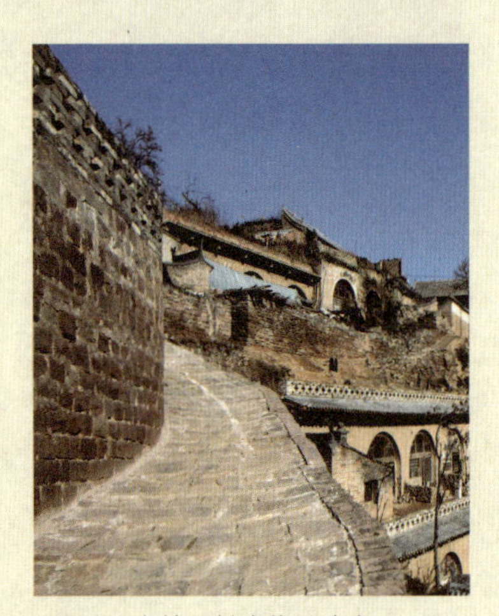

图2-32 大村西侧建筑群道路

图2-33 大村东侧建筑群“之”字形道路

图2-34 大村东侧建筑群“之”字形道路

图2-35 “东财主院”东侧道路照片

图2-36 大村山谷中道路手绘图

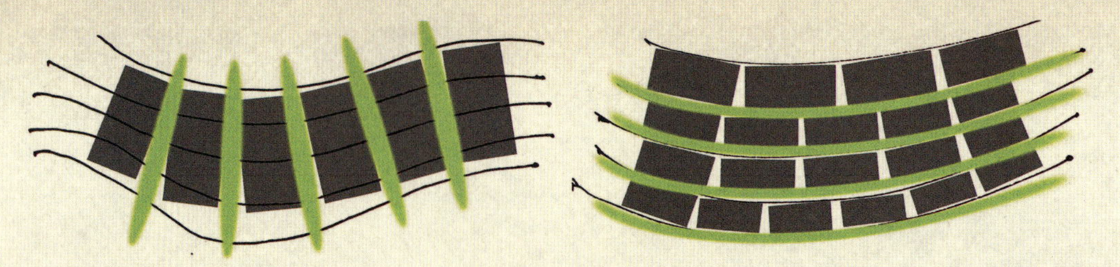

图2-37 村落街道的布置结构（左西湾村，右爨底下村）

2-37）。李家山所在的凤凰山山体较小，但是形态却十分奇特多变，等高线的分布也很无规律。这样的地形地势造成了李家山山路没有一个明确的道路骨架，相反，其呈现出一种自然的、随机的、因地制宜的道路模式，这一模式中结合了多种道路布设方式。

首先是平行于等高线的道路（图2-38）。由于基地山势陡峭，道路尽量沿着山体等高线排布，可以减小道路的坡度，方便通行。如大村东西两侧建筑群的位置较高，两侧分别有一条道路，坡度不大；凤身最南端临沟一侧，海拔较低处有一条环山道路，连接大小村落。这类道路较长，是较为主要的道路，沿山体的走势，串联同一高度的院落，同时分割上下不同高度的建筑群，使建筑群区域分明。这样的道路在李家山道路系统中较为主要，虽数量较少，但道路较长，路面宽度较大（图2-39）。

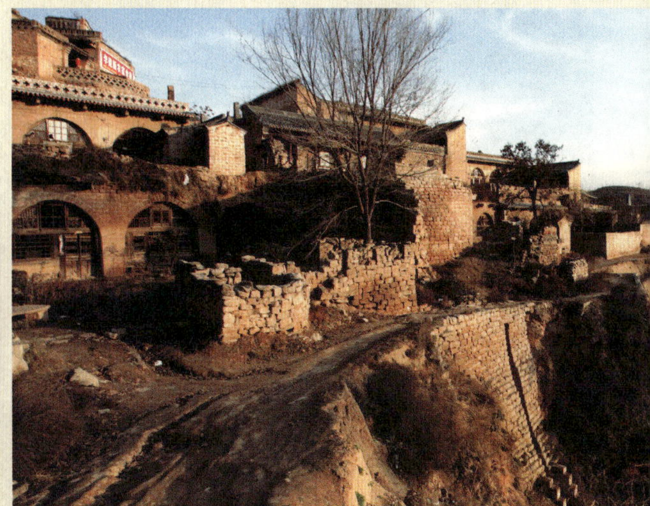

图2-38 凤身西侧平行于等高线的道路

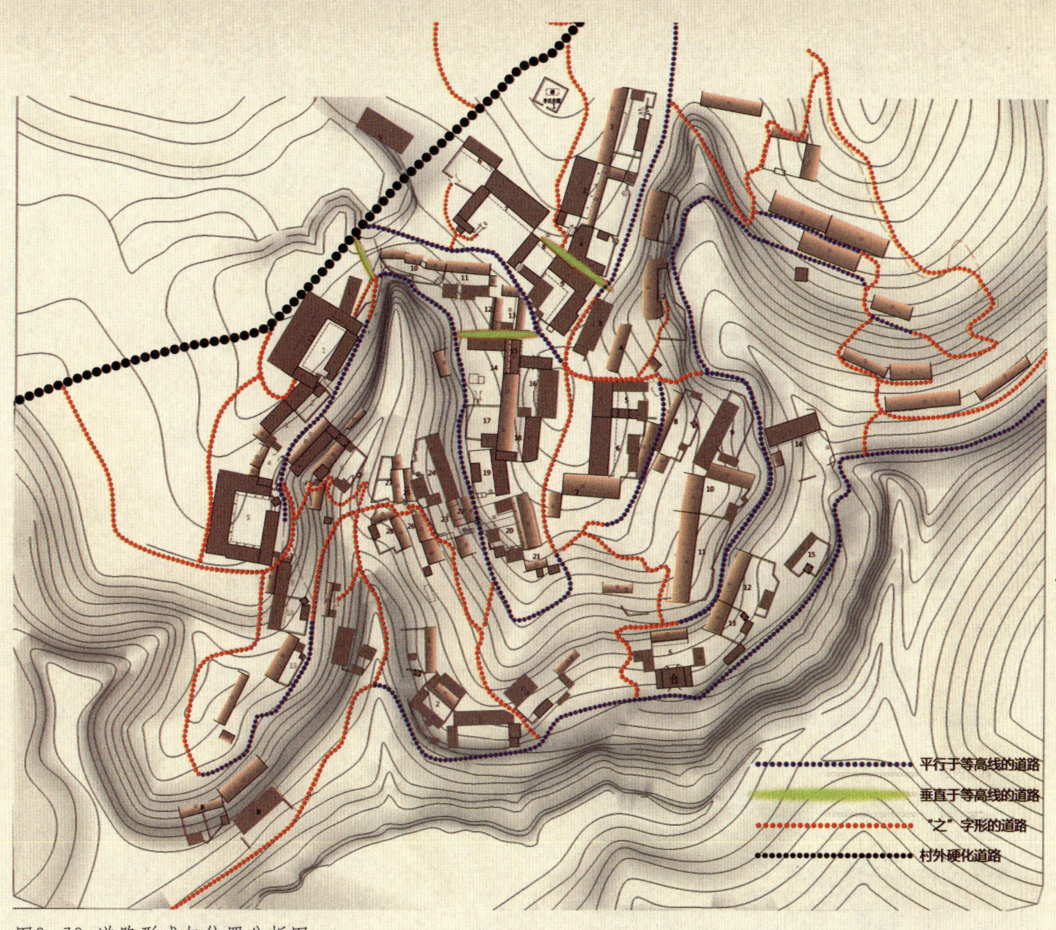

图2-39 道路形式与位置分析图

其次是垂直于等高线的道路（图2-40）。在整个道路系统中，垂直于等高线的道路可以连接不同高度的道路，是组成道路网络不可缺少的元素。如大村高处村口处，凤身凤头连接处以及“桂兰轩”入口处。这样的道路高差较大，不宜设置过长，以免发生危险，只在必要的路段设置，因此数量也较少。由于道路坡度大，道路的铺装需要较为注重，如铺设石板、设置防滑条以

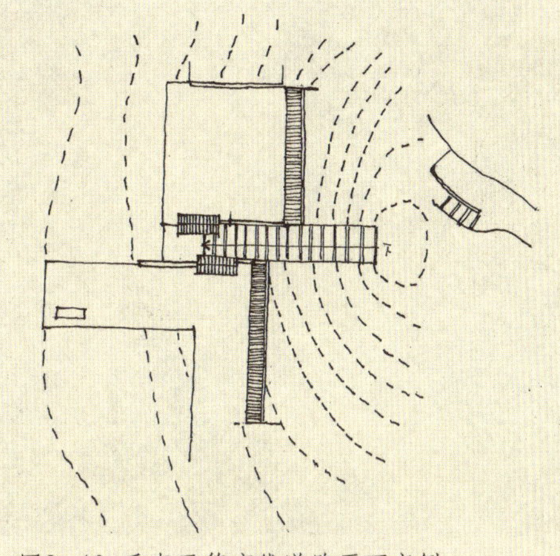
图2-40 垂直于等高线道路平面实例

图2-41 垂直于等高线的道路

图2-42 大村西侧石板山路照片

防止行人的滑落和土质的流失。垂直于等高线的道路大多间夹在左右两侧建筑之间，因此围合感较强，与山地其他道路有着鲜明的区别（图2-41）。

最后是“之”字形道路及其衍生形式（图2-42）。与上述两种较为规矩的道路不同，“之”字形道路形态多变，并且有多种衍生形式，可以随着山体的变化自由调整道路形式，因此在李家山这种地势复杂的地区极为实用，数量也较多。此类道路往往呈现“之”字形，折叠而上，道路与等高线的角度不定，根据山体坡度可作调整。这种道路形式是山路和街道的结合，因此在功能上也有两者共同的优点：第一，连接上下不同高度，使上山、下山更为方便（图2-43、图2-44）；第二，连接散落山坡上的院落，使道路网遍布全村，惠及各家各

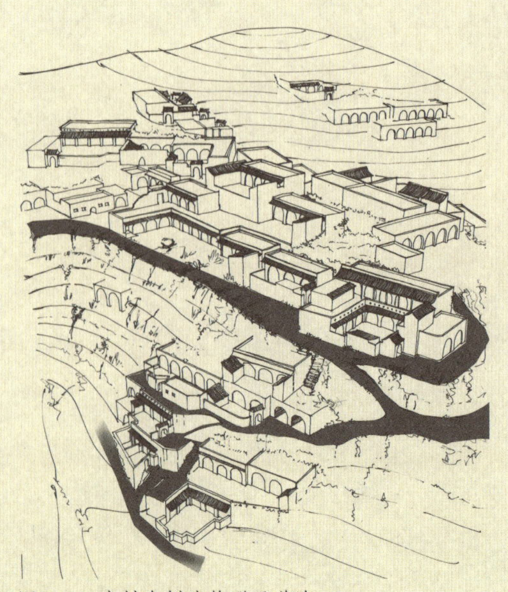
图2-43 大村东侧建筑群及道路

户。例如大村西侧建筑群（图2-45），稀稀疏疏地坐落着几个院落，通过“之”字形道路相互连接，毛细血管一般的路网也是山坡上的一道视觉景观；大村东侧建筑群也是通过衍生的“之”字形道路相互连接，这使得在高差较大的山坡之上建立密集村落成为可能。

图2-44 “东财主院”主要阶梯街巷

## 2.道路网络

村落中的道路纵横交错，其中主要的道路（在图中标注为红线）承担着划分不同建筑区域的作用（图2-46）。道路划分出的每一块区域有相似的地形特征，因此不同的区域带给人们不同的空间感受。如村梁上居高临下，俯览全村；东西侧建筑群各有风格，相得益彰；凤尾独占鳌头，天各一方；小村孤僻清净，别有洞天。

图2-45 大村西侧错综复杂的山坡道路

图2-46 村落道路网分析图

## 3.道路空间

（1）横剖面——通过道路尺度分析其围合感

道路空间的围合或开放，是道路形式的直接体现（图2-47）。李家山道路系统由于受山地地势陡峭多变的影响，总体上来说，围合感较小，开放性较强。具体的空间形态又受到建筑构筑方式以及院落围合方式的影响。通过道路的横剖面图，可以清晰地了解道路的形成方式，同时从道路的宽度和周边建筑或围墙高度的比例可以直接反应建筑的围合感，从而分析出不同道路形式给人行走其间带来的感受。

村落的道路形式除了村内连接各户的道路，还包括山间曲折的山路，这些道路的组成形式与山体的走势有关，例如山谷空间会对山坡上道路以及联通两岸连桥道路的形式与空间特征产生影响（图2-48）。

| 名称 | 剖面 | 照片 | 说明 |
|---|---|---|---|
| 建筑界面围合成的街巷空间 |  |  | 特点：空间封闭性较强，两孔窑院之间，往往具有较大的坡度，沿街道登上上层建筑或屋顶。<br>铺装：以石板铺装为主，平铺与立砌结合，有防滑作用 |
| 村口过境道路 |  |  | 特点：道路较宽，围合性较低，峰回路转，视觉景观丰富<br>铺装：水泥硬化，局部失修泥泞，旁边有路肩、沟渠，属于村外的公路的级别 |
| 院外临沟巷道 |  |  | 特点：道路的宽度在2米左右，满足使用要求，但因一边封闭为院墙，一边深沟，心理上尺度较为亲切<br>铺装：多为素土夯实，沿边有石砌或土堆的凸起 |
| 屋顶垴畔小路 |  |  | 特点：道路宽度较小，仅满足使用要求，上下层可以有空间交流<br>铺装：多为素土夯实，沿边有石砌或土堆的凸起 |
| 沿山体多层道路 | 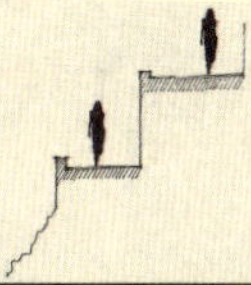 |  | 特点：往往存在于坡度较陡的地方，多层道路往往有相交，形成之字形路，上下空间交流丰富<br>铺装：多为素土夯实，沿边有石砌或土堆的凸起 |
| 建筑界面蹉跌的街巷 |  |  | 特点：街巷空间丰富，视觉感受变换，封闭与围合相得益彰，往往有较大坡度<br>铺装：多为砖石砌筑 |
| 建筑外侧临沟巷道 | 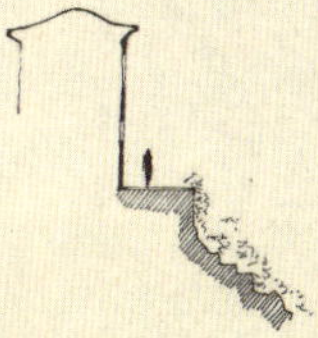 |  | 特点：建筑界面高大，沟壑较深，空间尺度巨大，相较路面尺度较为亲切<br>铺装：多为素土夯实，沿边有石砌或土堆的凸起 |

图2-47 村内道路断面尺度分析

| 名称 | 剖面 | 照片 | 特点及铺装 |
| --- | --- | --- | --- |
| 沿山谷内侧山路 | 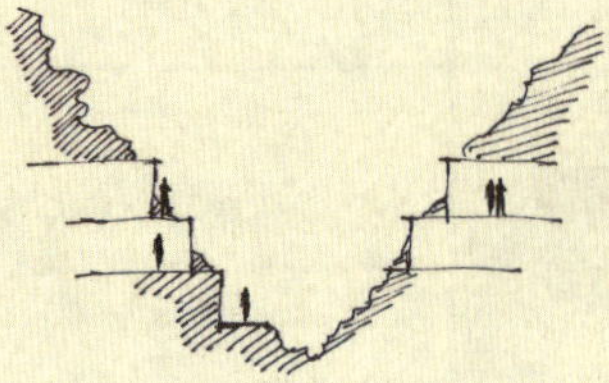  |   | 特点：有围合感，空间丰富，与街巷类似，有坡度，曲折幽静<br><br>铺装：素土夯实<br><br>其他作用：道路兼有排水功能，有些路面下铺设陶瓷管道排水 |
| 山谷底部山路 |   |   | 特点：围合感很强，视野效果好<br><br>铺装：砖石砌筑<br><br>其他作用：道路兼有排水功能，有些路面下铺设陶瓷管道排水 |
| 之字形山路 | 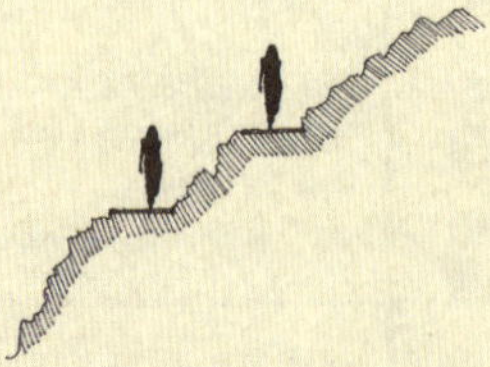  |   | 特点：单侧有界面，视野开阔，往往山体坡度较大<br><br>铺装：素土夯实<br><br>其他作用：无 |
| 谷间连桥 |   |   | 特点：空间开敞，视野良好，具有村口空间的限定感<br><br>铺装：砖石砌筑<br><br>其他功能：联系东西建筑群，作为村口特殊空间标识 |

图2–48 山间道路断面尺度分析

（2）纵剖面——通过道路坡度分析其舒适度

地形的高差变化还会直接影响道路的坡度以及行走期间的舒适度，进而决定着道路铺装的相应做法，以避免坡度较大给行走带来的不便。从道路的剖面图中，可以清晰地反映这些道路的特征（图2-49、图2-50）。

| 名称 | 剖面 | 照片 | 说明 |
| --- | --- | --- | --- |
| 山沟主路 | 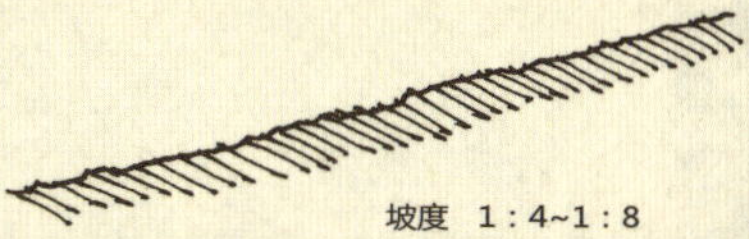 坡度 1：4~1：8 |   | 大部分山路坡度较缓，步行难度较小，部分路段可以通车。道路未设铺装，舒适性较差 |
| 桂兰轩前 | 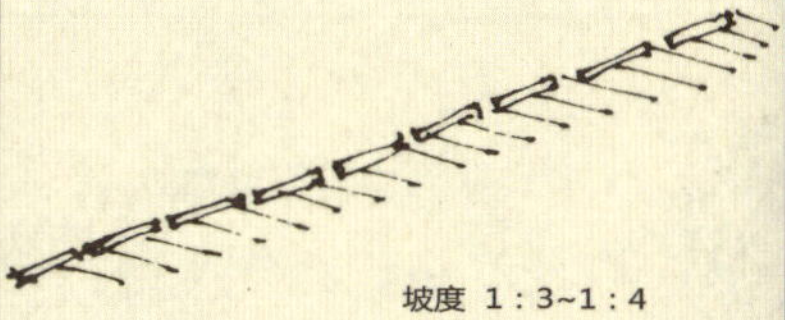 坡度 1：3~1：4 |   | 随坡度的上升，素土路面容易滑落造成危险，富裕人家会铺设石板，石板路可运行货物，如新窑院门前道路 |
| 东侧建筑群之字形路 | 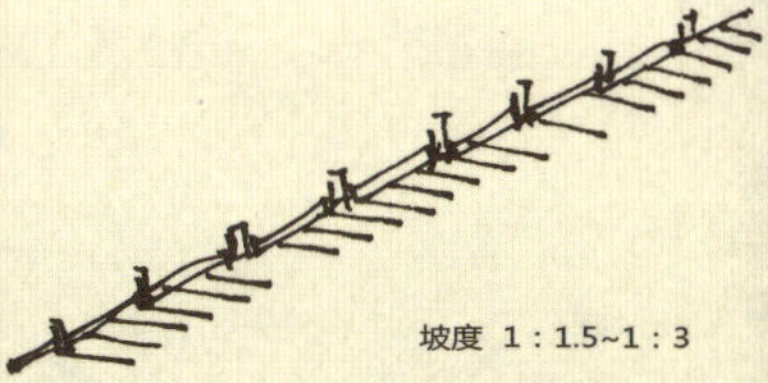 坡度 1：1.5~1：3 |   | 当坡度陡峭时，石板路面也会打滑，尤其在山雨冲刷后。故铺设竖向砌筑的砖条以防滑 |
| 通向安以轩的台阶 | 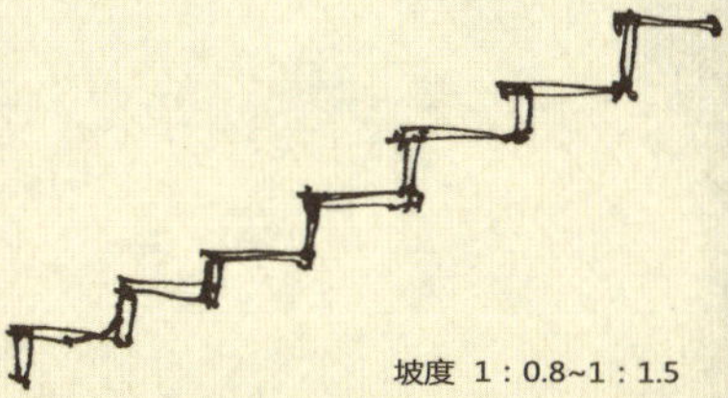 坡度 1：0.8~1：1.5 |   | 局部高差极大，又有通行需求时，会设置台阶，台阶不会太多，只在必要的路段设置 |

图2-49 道路坡度及做法分析图

图2-50 凤身典型防滑道路照片

## 4.道路排水系统

李家山的排水系统主要由下面几个环节构成：（1）通过窑洞人工找坡的屋面或瓦房的坡屋顶，将雨水汇集到庭院中，由地下管道排向院外；（2）再通过道路将水排入地下的陶瓷排水管道；（3）最后排向咸沟（图2-51）。

很多道路建有排水功能，大体通过两种方式：（1）当道路较为陡峭时，直接作为排水渠，这类道路常常边缘高起，引导水流，铺设石板，防止水土流失，同时也防止行人滑落（图2-52）；（2）当道路比较平缓时，通过阶段性设置地下管道，将雨水导入埋在土中的陶瓷管道或砖石砌筑的竖向排水渠，从而起到排水的作用（图2-53）。

可惜的是，由于村内道路大多为素土夯实的路面，缺少石质铺装，雨水流经道路时，带走疏松的土壤，经年累月，道路的宽度渐渐变窄，土质也十分松软，侵蚀着村落。大村山谷高处已经有大面积山体滑坡的趋势，村民已经阶梯型夯实素土，加固山体。

图2—51 李家山学校旁石砌排水沟渠

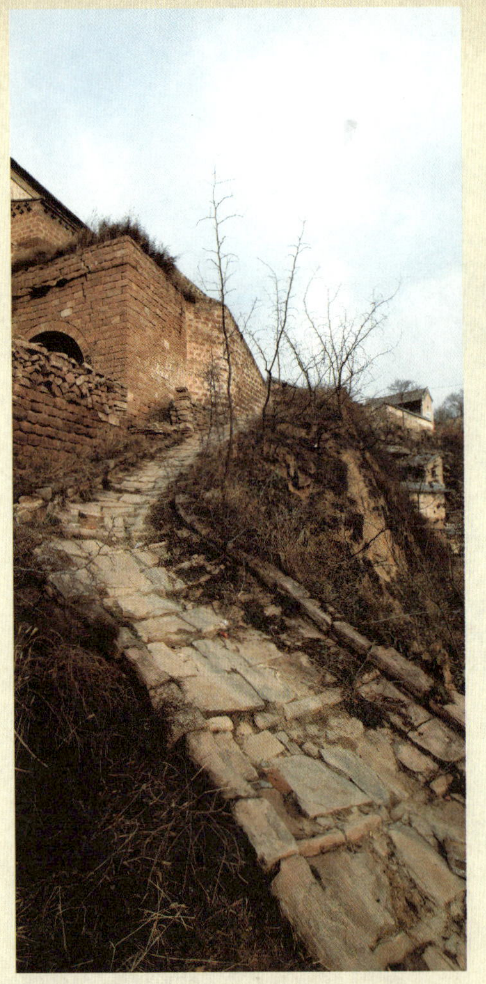

图2-52 大坡度道路兼做排水渠

图2-53 排水洞口

【第三章】

# 李家山古村的历史建筑

LISHI JIANZHU

# 一、居住建筑

## 1.居住建筑概述

李家山的居住建筑布置在起伏跌宕的山坡之中，村内大部分的窑洞建筑都是依照山势走向，面向村内的两道沟而建，与坡同向，建在沟东侧的就朝西，建在沟西侧的就朝东。因此，村内南北朝向的宅院较少，仅有凤身、凤尾的一些民居呈南北向。因为山势并非正南正北的走势，所以建筑朝向亦结合山势，灵活调整，自由变化(图3–1)。

村内的建筑以窑洞为主，有靠崖窑、锢窑[1]、接口窑[2]等多种类型。窑洞一般采用平屋顶，窑面前有厦檐遮阳。一些宅院也有砖木结构的瓦房建筑，多作为倒座或厢房出现。就现存的民居而言，大村的宅院格局相对完

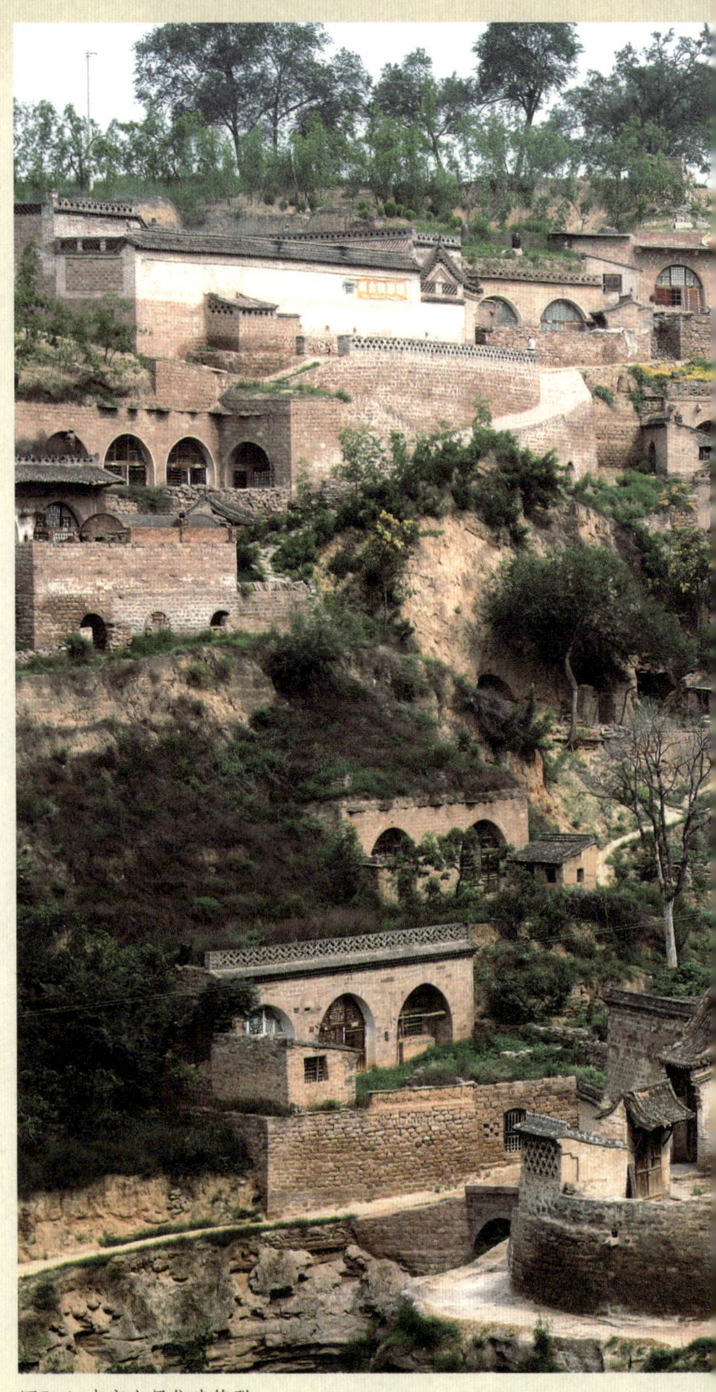

图3–1 李家山居住建筑群

1 所谓锢窑，是指利用土模或木模搭建的窑洞。详见后文。

2 所谓接口窑，是指靠崖窑前方接一段锢窑的窑洞。详见后文。

整，建筑质量精良，装饰巧妙；小村的窑洞质量则不是很高，大多只有一排房，有些甚至没有完整的院落格局，其中不少还是最原始的“一炷香”窑洞。

李家山的居住建筑体现了一种“内聚”的空间观。以保存较好的窑洞院落为例，正房和厢房的厦檐以及木构瓦房的屋顶都是单面坡向内。民间有一习俗，就是视屋顶留下来的水为“财”，因此屋顶上留下来的水，必须留在自己的地面上，所谓“肥水不流外人田”。除此之外，各个房间基本都不对外开窗开门，甚至许多院子在外面看起来粗犷简陋，但内部的装饰、雕刻却都非常精美细致，整个院落呈现出一种“内聚”的形态。

这种内聚性一方面来源于对外界的防御，由于对外基本的都是石墙，封闭的内院可以起到良好的防风、隔热、防寒的效果，进而给居民提供一个恒定的居住条件。另一方面则是人们内心意识形态的体现，除了自我防范意识，人们认为这样内聚的空间也有聚财聚气的作用，是一种“天人合一”的思想。

## 2.院落形制及衍生

李家山的院落形制比较简单，有单院式和合院式的基本形制，并在此基础上进行衍生和变化(图3–2、图3–3、表3–1)。

单院式的院落比较简单，只有一排正房，有的院子有院墙和大门，有的院落甚至连院墙都没有，通过地势或矮墙来划分宅院范围。有些院落的正房房间规格统一，有些则是有几间用于生活居住的房间，也有一、两间简单的小房间作为茅厕或堆放杂物使用。“一炷香”窑洞看似是这种形制，但其实根本没有明确的院落空间，因此甚至不能称之为“窑院”。

合院式包含两面围合的“L”形二合院、三面围合的三合院以及四面围合的四合院。前两者与院墙结合形成完整的院落空间，四合院则是四面都有建筑的合院式形制。院落中以正房的规格最高，然后依次为两厢、倒座。虽然院落随山势而建，但院落的空间格局仍是方正的，且由于厢房的面阔小于正房，所以大多数的院子都是长方形布局。正房和倒座在同一轴线上，轴线两侧的厢房互相对称。大门若为独立式，则一般在院落的一角，且不与轴线平行或垂直。

无论是单院式还是合院式，都有其横向和竖向的衍生。横向的发展比较简单，在院落旁边增加窑洞，甚至窑院，并与主体相互连同。如“西财主院”二层北侧延伸出的学堂，这三孔窑洞与财主院的北厢房相连，正房与财主院的正房同一方向，没有厢房、倒座，通过院墙围合，与正房相对的位置有一个简单的门楼。北厢房二层相当于一个过厅，将学堂

| 形制 | | 平面表现 | 模型示意 | 案例 | 案例平面 | 案例模型 | 照片 |
| --- | --- | --- | --- | --- | --- | --- | --- |
| 基本形制 | 单院式 |  |  | B-27 | 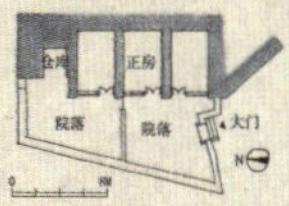 | 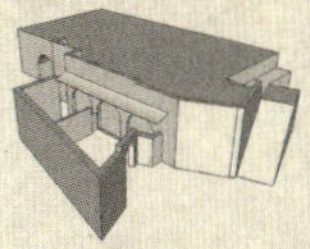 |  |
| | 二合院 |  | 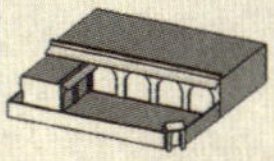 | B-28 | 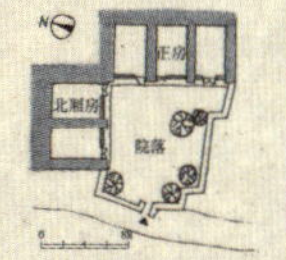 | 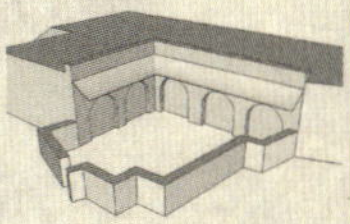 |  |
| | 三合院 |  | 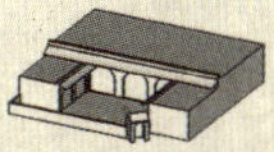 | 诗礼传家一层 | 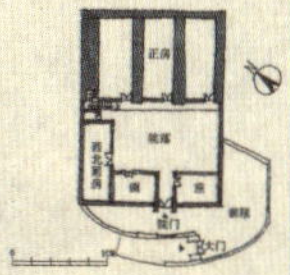 | 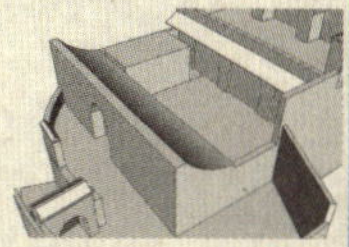 |  |
| | 四合院 |  | 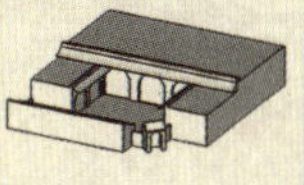 | 新窑院 | 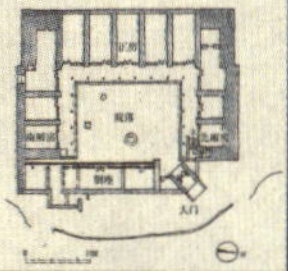 | 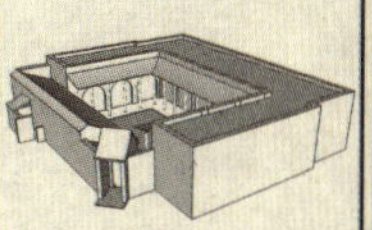 |  |
| 衍生形制 | 横向衍生 |  | 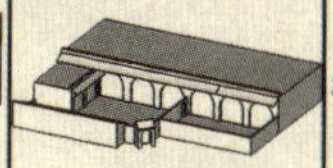 | 桂兰轩 | 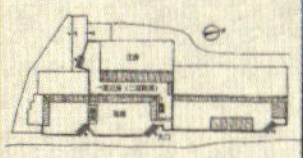 | 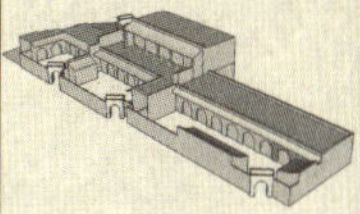 |  |
| | 竖向多层衍生 |  | 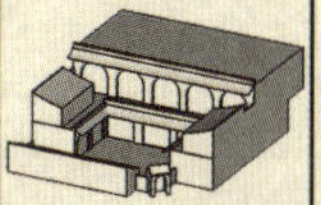 | 西财主院 | 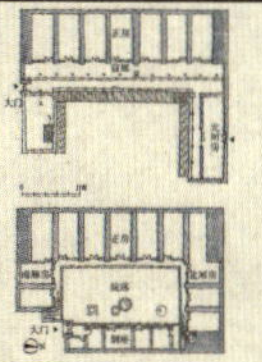 | 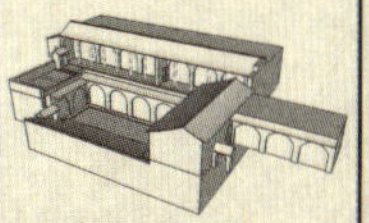 |  |
| | 竖向多进衍生 |  | 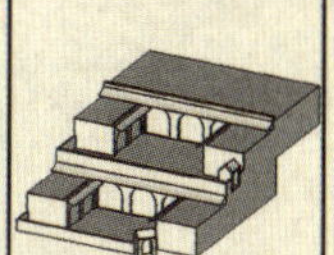 | 三层院 | 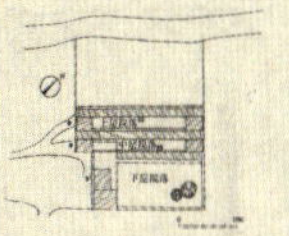 | 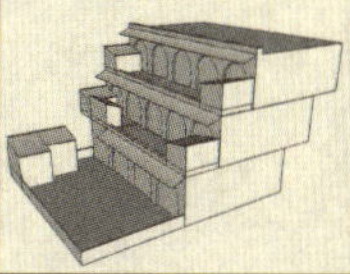 |  |

图3-2 李家山古村居住建筑院落形制

图3-3 李家山主要院落分布图

和主院相互联通。再如“桂兰轩”，在北侧和南侧都各衍生出一所窑院。

竖向衍生有多层衍生和多进衍生两种。一种是多层衍生，指的是有二层建筑的窑院。李家山大多数的窑院为一层，一些四合院的正房和厢房还有二层，如“东财主院”、“西财主院”等。因为建造者有一定经济条件，所以这些院落格局非常完整。正房和一层厢房为窑洞，二层厢房和倒座为瓦房。二层院落多供主人居住和使用，下层则是供仆人居住和杂物存放，倒座为牲口房或厨房等辅助用房。除了下层的大门，二层也有直接对外的入口。另一种是多进衍生。和传统意义上的多进院落不太一样，李家山多进院落虽然也是在同一轴线上的串联关系，但却不是在同一平面上，而是第二进沿山而上，几进院落分层递进。上层院落可通过下层院落正房一侧的楼梯间而上，院落就是下层窑院正房的屋顶，上层一般还会有一个单独对外的入口。“三层院”就是这种形制的典型代表。

以一个合院为单位进行水平或垂直方向上的变化成为一个建筑单元，而各家各户多个建筑单元体也通过同样的原理进行组合，利用一层层的黄土平台，进行挖填整理，然后布置院落，通过山地坡道和台阶达成水平和垂直方向上的交通联系，就形成了李家山丰富的村落景观。

李家山主要院落一览表　　表3－1

| 序号 | 名称 | 年代 | 层数 | 用途 | 结构和形式 | 院落类型 | 概况 |
| --- | --- | --- | --- | --- | --- | --- | --- |
| 1 | "西财主院" | 清代 | 二 | 居住 | 砖石窑洞<br>砖木瓦房 | 四合院（横向、多层衍生） | 位于右翼北部，为西财主李带芬所建。院落保存完整，格局规整，装饰精美。正房为明柱厦檐[1]，北厢房有柱廊，南厢房损毁，院内有石磨、石碾 |
| 2 | "新窑院" | 民国 | 一 | 居住 | 砖石窑洞<br>砖木瓦房 | 四合院 | 位于右翼南部，为西财主为其侄所建。完整的四合院格局，大门雕刻精美细致，有"钦旌节孝"匾额。院内有一石碾 |
| 3 | "三层院" | 清代 | 三 | 居住 | 砖石窑洞<br>砖木瓦房 | 三合院（多进衍生） | 位于右翼中下部，为三个三合院组成的多层院落群，具有整体感。上层、中层院落原是相互连通，现楼梯已封。窑洞均为无根厦檐[2]，耍头[3]部分损毁 |
| 4 | "惠迪吉" | 民国 | 一 | 居住 | 砖石窑洞 | 四合院 | 位于右翼南侧，"新窑"院下方。院内有正房、倒座，无厢房。正房为三孔无根厦檐窑洞，倒座为一孔窑洞，侧面开窗开门 |
| 5 | "桂兰轩" | 清代 | 二 | 居住 | 砖石窑洞<br>砖木瓦房 | 四合院（横向、多层衍生） | 位于凤头位置（也称庙梁上）。共两层，下院左右毗邻院落，正房坐西朝东，门楣上写着"桂馥兰芳"，上层一排窑洞，为明柱厦檐 |

1 明柱厦檐，挑檐的一种形式，挑檐长而前方有柱廊。详见后文。

2 无根厦檐，挑檐的一种形式，挑檐短而前方无柱廊。详见后文。

3 耍头，无根厦檐用于承担挑檐的建筑构件。详见第四章。

续表

| 序号 | 名称 | 年代 | 层数 | 用途 | 结构和形式 | 院落类型 | 概况 |
|---|---|---|---|---|---|---|---|
| 6 | “东财主院” | 清代 | 二 | 居住 | 砖石窑洞<br>砖木瓦房 | 四合院<br>（多层衍生） | 位于凤身最南端，凤脊偏西。建筑共两层，下层四合院，正房坐东朝西。上层为三合，正房明柱厦檐，南北有厢房。 |
| 7 | “宝善处” | 清代 | 一 | 居住 | 砖石窑洞<br>砖木瓦房 | 三合院 | 位于凤身与右翼之间的高地，俯瞰山谷。建筑为三合院，北侧正房无根厦檐，西侧厢房，倒座为马厩 |
| 8 | “李建新院” | 清代 | 一 | 居住 | 砖石窑洞<br>砖木瓦房 | 四合院 | 位于凤身与右翼之间的高地，“宝善处”以东。院落为四合院，北侧正房窑洞四孔，为无根厦檐，东侧也是无根厦檐的窑洞，西侧、南侧为单坡瓦房 |
| 9 | “诗礼传家院” | 民国 | 二 | 居住 | 砖石窑洞<br>砖木瓦房 | 四合院<br>（多层衍生） | 位于凤尾，毗邻小桥，位置较低。院落驻于高台之上。有内外两重院落，正房位于东北方向，为无根厦檐窑洞，共两层。倒座为单坡瓦房，西北方向有砖砌平房 |
| 10 | “董生院” | 清代 | 二 | 居住 | 砖石窑洞<br>砖木瓦房 | 二合院<br>（多层衍生） | 位于凤身，凤脊西侧较高的位置。下层院落东北两边都有窑洞，西南两边原先有围墙围合，如今已经破损。上层为单排明柱厦檐的窑洞 |

续表

| 序号 | 名称 | 年代 | 层数 | 用途 | 结构和形式 | 院落类型 | 概况 |
|---|---|---|---|---|---|---|---|
| 11 | 东侧建筑群 | 清代 | 多层 | 居住 | 砖石窑洞<br>砖木瓦房 | 多层合院建筑群 | 位于凤身中下部的山坡上，整个建筑群高差较大，通过一条折叠上升的山路串联，大多数院落完好，但规模和制式较简单 |
| 12 | 天官庙 | 清代 | 一 | 庙宇 | 砖石窑洞<br>砖木瓦房 | 四合院 | 位于凤尾，濒临咸沟，位置较低。院落驻于高台之上。正房位于北偏西方向，为明柱厦檐的窑洞。倒座两层，下层为窑洞，上层为卷棚，作为戏台之用，左右各有一层的厢房 |

## 3.院落构成及功能布局

李家山古村的居住建筑主要由正房、厢房、倒座等组合成院落形式(图3–4)。

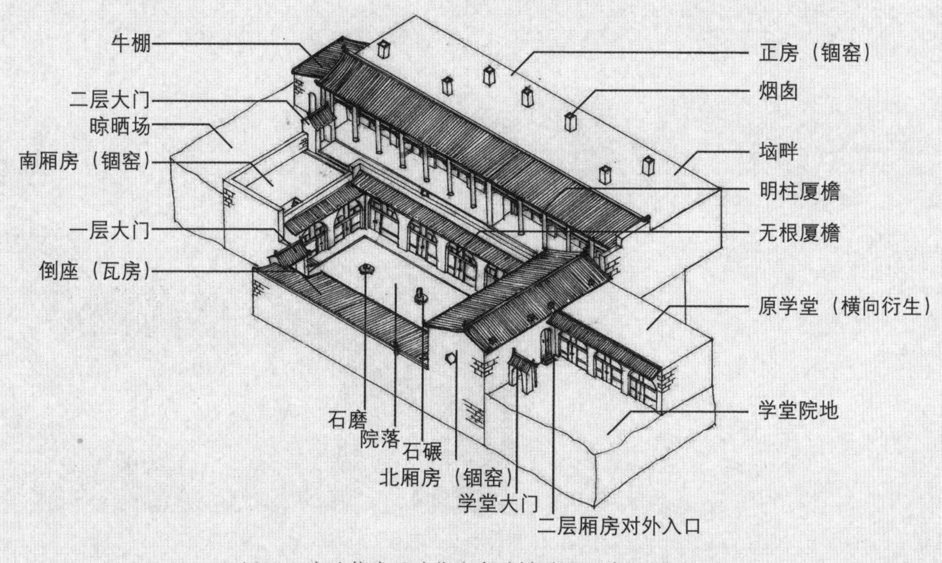


图3–4 窑院构成及功能分布详例（“西财主院”）

(1) 正房

图3–5 “东财主院”正房

窑院的正房，也称“上窑”，可以说是整个院落的主体，也是等级最高的建筑。间数大多是三、五、七等单数，按“一明两暗”、“一明两暗两次”等布局方式布置。“明间”坐在中轴线上，是正房最重要的空间，通常作为存放祖先牌位、祭祀的公共空间，两侧则是长辈的卧室。

李家山正房一般只有一层。少数有钱人家有两层，上层明柱厦檐，下层无根厦檐，且雕饰豪华讲究(图3–5)。正房一般用于住人。火炕内侧设有灶台，在冬天可用于取暖和做饭。

(2) 厢房

厢房在规格和装饰上次于正房，台基和房高也比正房低。一般人家的厢房只有一层，或为窑洞或为瓦房。少数人家厢房也有两层，下层是无根厦檐的窑洞，上层则是砖木结构的瓦房，多为三开间，中间一间作为生活起居场所或连接内外空间的过厅，两侧两间住人。

厢房一般是两到三开间，因院落规模而异。如是三开间，则呈“一明两暗”平面布局（明间可以直接从正面进入，暗间需要通过厢房进入）。厢房通常是晚辈和客人居住的地方，有时也作为存放粮食的库房。厢房的一侧一般还会修建楼梯，与上层院落相通。厢房为瓦房时，屋顶多为硬山起脊，单坡向内(图3–6)。

图3–6 “李福田院”西厢房（瓦房）

(3) 倒座

李家山古村的窑院以三合院居多，只有少数合院有倒座房。倒座基本为一层的砖木结构瓦房，过去用作库房、牲口棚和柴草房，正立面有供奉马神的佛龛，整体装饰比较朴素（图3-7）。现在李家山已经没有人家养牲口了，倒座的功能也随之有所改变[1]。

（4）宅门

宅门是窑院唯一不显出“内聚”形态的建筑。宅门作为划分内外领域的界限，起到了联系和过渡空间的作用。窑院的宅门位置不定，通常在院落一角，是连接院内、院外的节点。入口方向有三种形式，即垂直于正房、平行于正房、或与正房成45°夹角。有的院子进门后会有一个照壁。

宅门的形式主要有两种，一种是独立的门楼式（图3-8），另一种是与厢房结合的内嵌式（图3-9）。门楼式通常是砖木结构双坡硬山顶，一些人家宅门上有精美的砖雕和匾额，屋顶也是非常讲究的五脊六兽，抱鼓石上也有雕花，增添了宅门的艺术感，同时也

图3-8 “桂兰轩”大门

图3-7 “新窑院”倒座（瓦房）

图3-9 “三层院”下院大门

1 大部分倒座作为库房使用（如“西财主院”、“李福田院”）或已经荒废，个别进行了改造，如“新窑院”的倒座改成了厨房，“李建新院”的倒座改成了餐厅。

彰显了屋主的身份和地位。内嵌式的宅门则是利用厢房的外墙衍生出来的，比门楼简单朴实，门上通常有匾额。

(5) 院落

院落由建筑或院墙围合而成，为居民提供了日常活动的场所。院落是一个内聚而又开敞的空间(图3-10，图3-11)。院内一般种植小型的观赏性植物，而不种植高大的植物，以保持开阔的视野，还可丰富院内的环境。收获的季节，家家户户都将作物晾晒、存储在院落里。有些家庭还将家禽直接圈养在院落里，带来了一股浓浓的乡村生活气息(图3-12)。

院落还为家人、邻友提供了相互交往的空间。李家山的窑院一般层层相连，下层窑洞的屋顶就成了二层窑洞的院，有的都属一家，有的分属两家，这样的院落形式丰富了建筑

图3-10 “新窑院”院落俯瞰

图3-11 学生们在“西财主院”中写生

图3-12 充满乡村生活气息的院落(“李福田院”)

空间层次，但也导致了私密性的降低。

院内一般挖有地窖，直径约半米，深度2米～4米，用于贮藏一些蔬菜，如土豆、萝卜、红薯等。有钱人家的地窖有石材或砖材贴壁，像“新窑院”的地窖甚至可以由楼梯下去。条件好的家庭，院子里还会依照“左青龙、右白虎”，在左、右分设石碾和石磨，碾是龙，磨是虎。也有的家庭会把石磨和石碾安放在大门外。

（6）屋顶空间

在李家山，屋顶除了遮风避雨的作用，还是当地人非常重要的活动空间。很多下层窑洞的屋顶就成了上层窑洞的院落，提供了人们集会、晒谷、纳凉的场所(图3–13)。各个院落也常常通过屋顶相互联系，屋顶同时也成了一种交通空间。而“洞顶为田，洞中为室”，有些人家将屋顶作为一处小型耕地，种植一些农作物，浇灌这些作物的水分也使得窑洞内部空间感到更加舒爽。许多来李家山写生的画家、学生也常常选择在屋顶平台作画、写生(图3–14)。

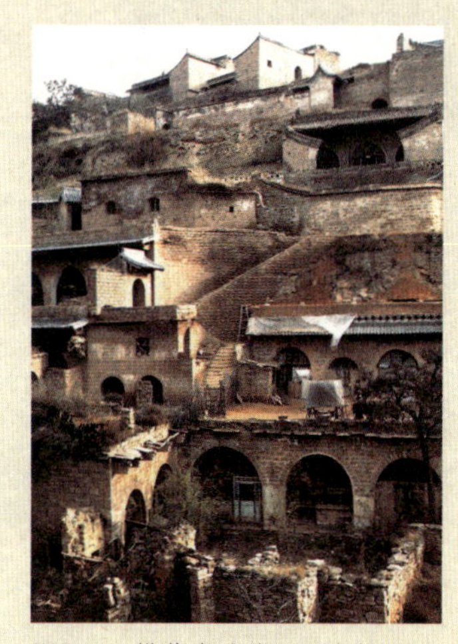

图3–13 错落有致的屋顶空间

图3–14 学生们在“董生院”一层屋顶上写生

## 4.窑洞建筑

李家山地处吕梁山脉，属西北黄土高原丘陵沟壑地区。独特的地形地貌，使得依就山势的“穴居”成为当地最主要的民居形式。这些窑洞随山地起伏错落，构筑合理，体现了

地处黄土高原的地域特征，是“黄土文化”的典型代表。

特定地区的地理位置、气候条件、自然资源等对当地的民居形态有着至关重要的影响，尤其在过去交通条件、建造手段都不发达的时期，人们会想方设法地对自然条件进行最大化利用。窑洞建筑的主要材料是黄土、砖、石。李家山处于黄土资源丰富的黄土高原上，黄土结构松软又富有黏性，导热系数小，热惰性好，对保温隔热非常有利，虽然畏水，但晋西降水少，因此可以说是非常适宜当地条件的一种建筑材料。黄土混合秸秆、草叶等材料就合成了非常稳定的填充材料。砖又是由黄土烧制而成，而裸露在黄土高原上的天然石块提供了丰富的石材。

图3–15 李福田院的奶奶在室内洗菜

黄土高原春季风沙较多，夏季炎热少雨，冬季严寒干燥，昼夜温差较大，但窑洞合理地减小了外界气候条件对内部的影响。在没有任何采暖设施的情况下，窑洞的温度可以保持在10℃～20℃，相对湿度则保持在30%～75%，基本不受外界影响，可以说是冬暖夏凉（图3–15）。

(1) 窑洞类型

1）按照窑洞建筑形式划分（图3–16）

① 靠崖窑

靠崖窑是直接在自然形成的土崖挖掘的窑洞（图3–17）。它因地制宜、就地取材、做法简单，因此是黄土高原上最常用的窑洞类型之一。靠崖窑依托厚厚的黄土层，从横断面挖进去，开凿洞口，在洞壁里面抹一层黄泥，之后再安上门窗。窑面一般用砖或石镶面，防止土层坍塌。由于依山就势的建造方法以及与黄土山坡颜色相近的材质，建筑可以达到与山体浑然一体的效果。

图3-16 李家山主要窑洞形式

图3-17 凤身东坡靠崖窑（C-1院）

图3-18 右翼一炷香窑洞

图3-19 小村北侧一炷香窑洞

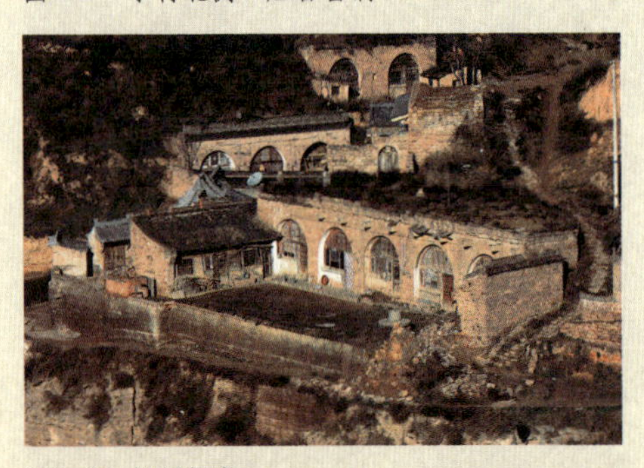

图3-20 凤尾锢窑

图3-21 左翼锢窑

② 一炷香

一炷香式窑洞是一种非常狭小而简陋的土窑洞(图3-18，图3-19)。由于锢窑、接口窑等都是清代之后逐步兴起的，因此李家山的一炷香窑洞基本都是明代时期留下的建筑。这些窑洞进深仅3米多，宽度仅1米左右，只够安装一个门，门上留有小窗提供采光和通风。洞直接挖在土崖上，入口向土崖内退后20～30厘米，两侧向外伸出一段墙壁，门顶处有一块石片，防止雨水进入和坍塌。窑洞内有一个土炕，还有一个做饭用的火灶。除此之外，屋内的陈设都十分简陋，最多有水缸和一些贮存粮食的容器。因为一炷香的采光差，阴暗潮湿，条件比较恶劣，现在都已经废弃了 。

③ 锢窑

锢窑是指独立式的窑洞，也是李家山大部分的窑洞类型(图3-20，图3-21)。锢窑是仿照窑洞的形态，用土坯、砖头或石块砌成，内部与靠崖窑区别不大。锢窑的屋顶比靠崖窑和接口窑要宽阔，一般是在拱券顶上敷盖土层做成带女儿墙的平顶，也称为垴畔。利用土的重压既可以增加拱体的牢固性，也达到了美观实用的效果。同时，和靠崖窑相比，锢窑不受地形的限制，可以通过几个锢窑来围合出一个完整的院落，也可以在一排靠崖窑周边盖几座锢窑来围合成一个院落。

④ 接口窑

接口窑是指在靠崖窑的前面再接一段锢窑(图3-22～图3-25)。李家山地处黄土山坡，

图3-22 右翼南侧接口窑

图3-23 “惠迪吉”正房接口窑

图3-24 左翼小村接口窑

图3-25 “耕读传家院”及其上层窑院（上为接口窑，下为锢窑）

而黄土的质地较稀疏，窑洞的窑面容易受雨水的冲刷而坍塌，如果在窑洞外部加筑一段锢窑，就能解决这个问题了。另外，在靠崖窑开挖时，如果发现崖内有很硬实的基岩，不能继续开挖，这时往往也会在窑洞前面接一段锢窑，以增加进深。也有一些早期建造的靠崖窑由于破损严重，无法满足现在的功能性和安全性，所以，居民在后期修缮时增加前面的接口，而形成接口窑。由于这种接口窑一般都是石砌窑面，所以和普通的靠崖窑相比，比较美观和整齐。

2）按出檐方式划分

窑洞独特的建筑形式使得窑脸非常平整，夏季强烈的阳光会直接射入室内，导致室内非常炎热不适，因此，在窑前加设出挑的厦檐就变得十分必要(图3-26)。李家山窑洞有“明柱厦檐”和“无根厦檐”两种出檐方式(图3-27)。“明柱厦檐”是指厦檐前端用木柱作支撑的挑檐方式；“无根厦檐”则是没有单独的柱子，仅用耍头支撑厦檐的挑檐方式。

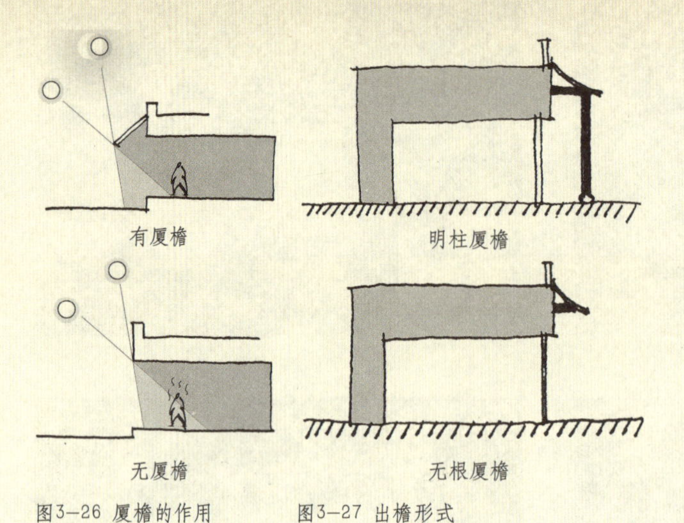


图3–26 厦檐的作用　　图3–27 出檐形式

① 明柱厦檐

李家山明柱厦檐的组成构件基本都是木制构件，与穿插枋[1]相结合，结构和装饰非常精美和考究（图3–28）。因为只需承担挑檐的重量，柱子不是很粗，约有20～30厘米。柱子的数量与窑洞数量没有直接的比例关系，以窑洞全为明间为例，三孔窑洞一般设立5～6根柱，五孔窑洞一般设立9～10根柱，七孔窑洞一般设立13～14根柱。若是五明

图3–28 “新窑院”正房明柱厦檐窑洞

1 明柱厦檐或一般檐廊下的梁柱结构构件。详见第四章。

两暗的七孔窑洞，明柱就跟五孔窑洞数量差不多。此外，在边侧的柱子一般就直接藏到侧墙里。明柱厦檐的前廊宽两米左右，有遮风避雨的作用。大部分家庭把一般的生活器具也放在前廊里，并在檐下筑灶台，在无需取暖的季节作厨房和餐厅使用。明柱厦檐的民居建筑在李家山并不多见，只是几户比较有经济实力的人家拥有，如“东财主院”、“西财主院”、“新窑院”等。

② 无根厦檐

无根厦檐形制的窑洞在李家山比较多见(图3-29)。无根厦檐没有像明柱厦檐那样宽敞的“前廊”，外墙顶部直接是一排耍头承檩，挑檐用挑檐檩承托而不用柱子，因此出檐宽度比明柱厦檐要窄许多，一般仅一米左右，仅起到保护窑面的作用。而且这样做就没有了前廊，不如明柱厦檐遮挡风雨的效果好，但采光效果却比有前廊的明柱厦檐好很多。若窑院的正房和厢房都是这种无根厦檐，一般会在正房和厢房交界出的小空地搭一个简棚，棚下设灶台，在春、夏、秋季作厨房使用。

图3-29 “李福田院”正房无根厦檐窑洞

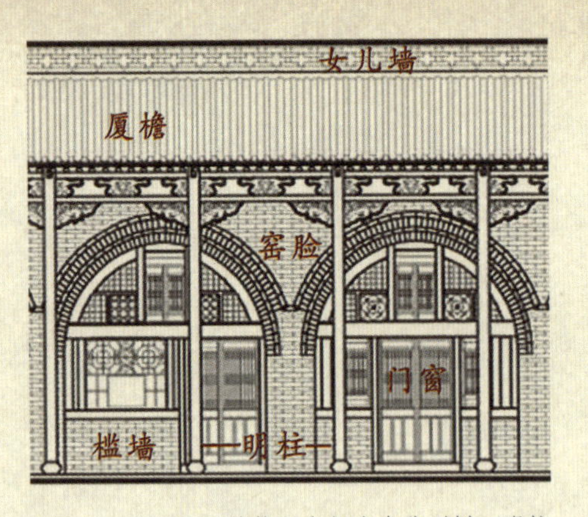


图3-30 窑洞立面结构及各部分名称（例：明柱厦檐锢窑）

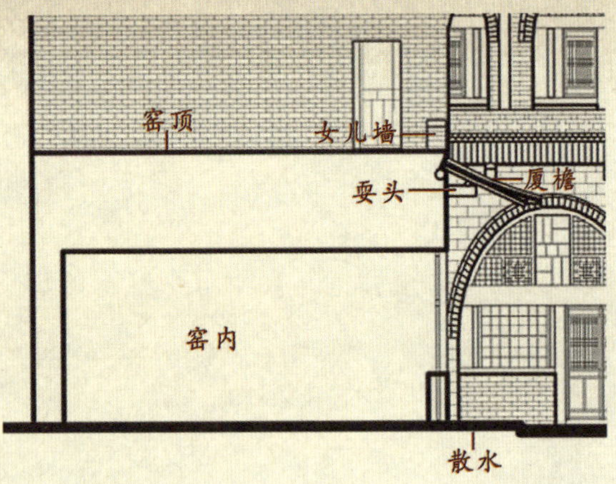


图3-31 窑洞剖面结构及各部分名称（例：无根厦檐锢窑）

(2) 窑洞的构造及施工方式

1) 窑洞的构成

窑洞的构造相对比较简单(图3-30，图3-31)。当地工匠称：“抬头一丈零五，面宽掏空一丈”，即高度在3.5米左右，宽度在3.3米左右，进深则是5到7米不等。窑洞下部是矩形，上部则是拱形，这样的构造易于承重。垴畔的窑顶到室内的窑顶距离一般有1米～1.5米，其间填土。夏天土壤可以吸收雨水保持湿润，给室内隔热降温。垴畔一般会向外有一定的倾斜角度以方便排水，且设立女儿墙以防止在上面活动的孩童发生危险。

2) 锢窑施工过程

李家山以锢窑为主，有土坯窑洞和木模窑洞两种建造方式，两者在材料和砌筑方式上都有所差别。土坯窑洞的做法是挖出一个楔形土坯砌拱，然后再在上面用砖、石加固拱顶。而木模窑洞在砌筑时需要支木模架，用一些木料锢一个如窑洞内部空间的拱形模架，然后在模架上用砖、石砌筑出窑洞拱，完成后将模架拆除，模架之后可以重复使用。李家山的锢窑基本都是由石块承重的，大部分的窑面也直接是石块砌筑，只有少数财力比较雄厚的家庭才用砖砌筑以达到美观的效果。

以木模窑洞砌筑过程为例(图3-32)。首先选择合适的崖边，确定挖窑的数量和位置。在预定建造窑洞侧墙的位置挖出通道，宽度70厘米～80厘米，高度2.2米～2.5米，两个侧墙相距2.7米～3.3米，深度为窑洞进深，一般为6米～6.5米。然后进入通道，由里及外将

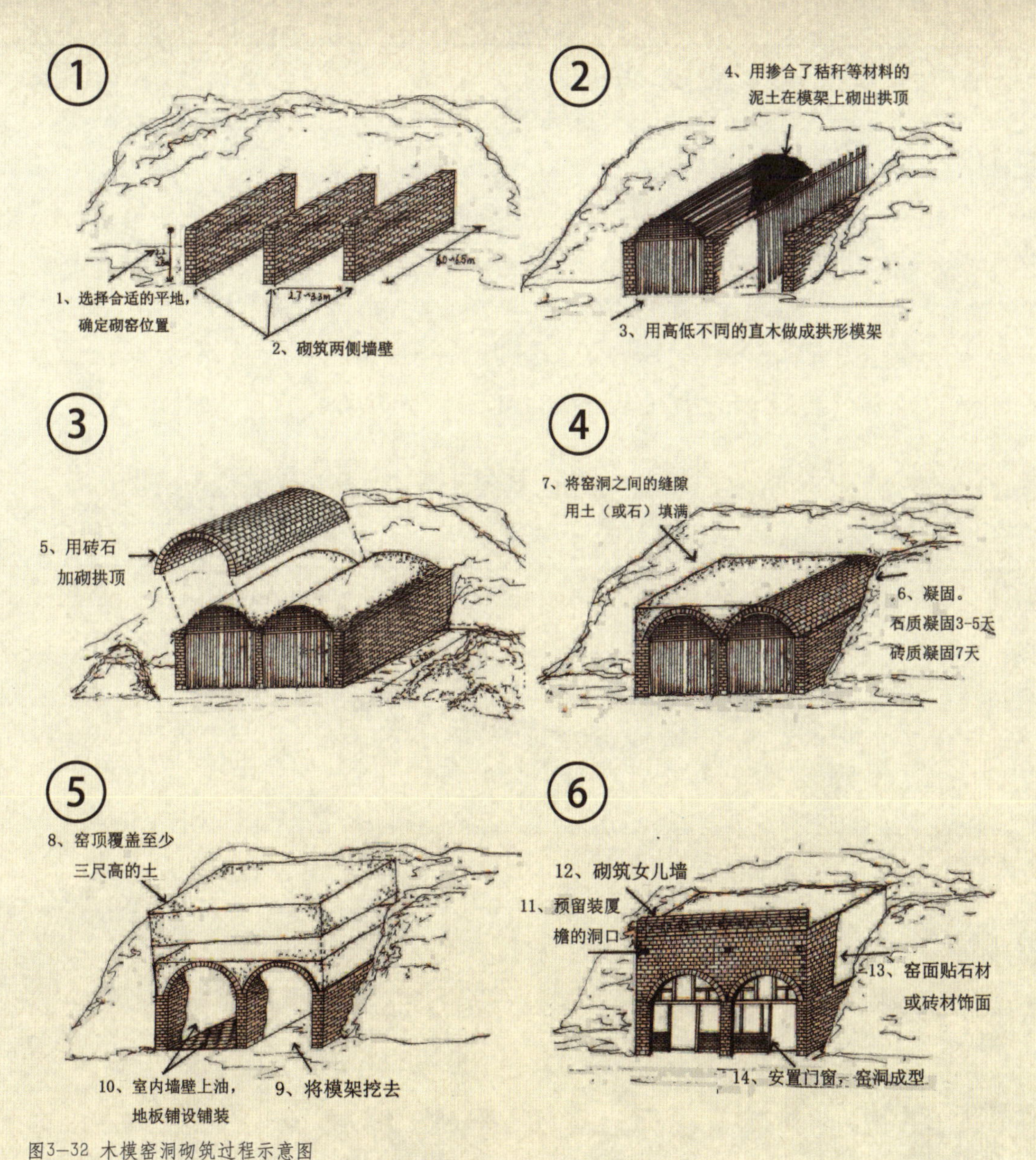


图3-32 木模窑洞砌筑过程示意图

通道用砖、石填充，再将周围的土挖去，留出有拱顶的土坯模型。之后在土坯模型上砌筑砖石，形成拱顶。为了窑洞的稳固性，一般会用几天时间来凝固，石质需要3至5天，砖则需要7天左右。结构经过凝固后，用土或石将窑洞与窑洞之间的缝隙填满，然后在其上方覆盖至少一米高的土层，再将土坯挖去。完成后再进行室内铺装、砌筑窑面、女儿墙、安置门窗等工作，窑洞就成形了。

（3）*砖石尺寸及砌筑方式*

李家山建筑材料以砖、石为主。所用砖的尺寸比一般的砖规格大，为300mm×150mm×75mm。常见的砖砌筑方式为“顺丁相间式”和“全顺式”砌筑方式（图3-33）。前者一般用于窑面，后者一般用于炕、灶等的贴面（图3-34，图3-35）。石头的尺寸不等，窑面常见的尺寸为350mm×240mm×210mm。而相对于建筑物，窑院的院墙则以石材砌筑居多，尺寸和砌筑方式也较为灵活（图3-36、图3-37）。

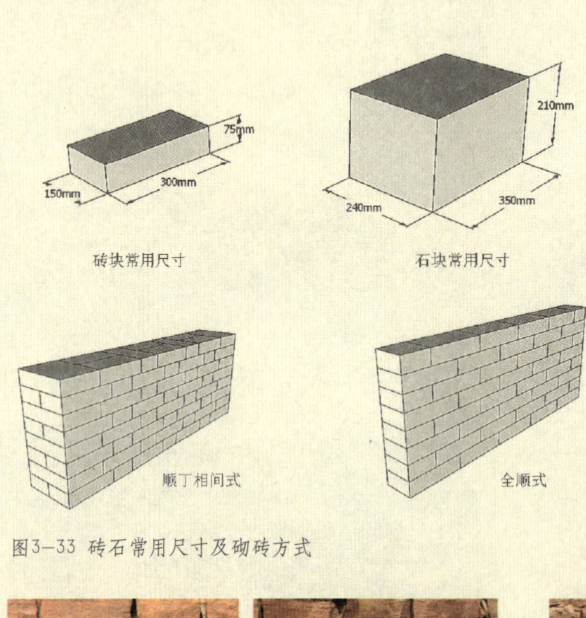

图3-33 砖石常用尺寸及砌砖方式

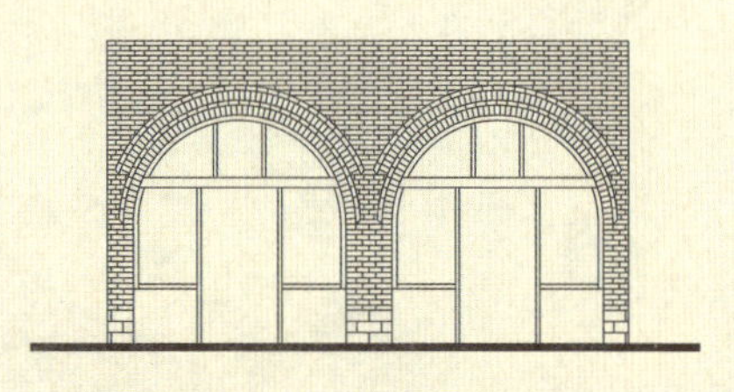
图3-34 砖砌面立面砌砖方式

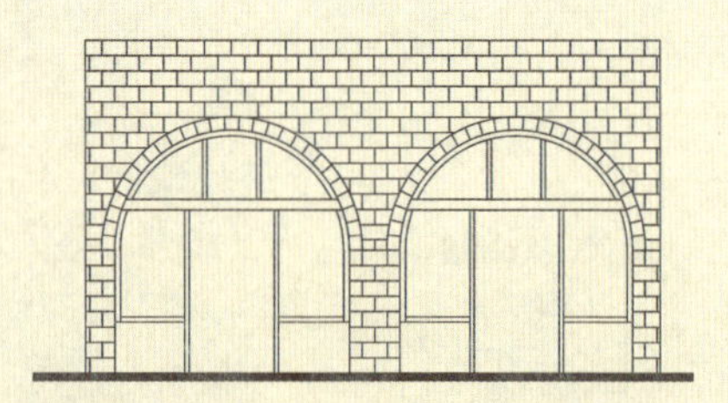
图3-35 石砌面立面砌石方式

图3-36 不规则的石头砌筑方式

图3-37 比较规则的石头砌筑方式

(4) 室内空间

窑洞的室内必不可少的是炕和灶，它们不仅满足了人们居住生活的需要，也达到了分割室内空间的作用(图3—38)。

李家山窑洞的室内根据火炕的位置，有两种不同的空间形式(图3—39)。一种是“掌炕”，即炕位于窑洞后部，前侧设灶，窑洞前面的空间比较完整，可以设置柜子、桌椅等家具或用于储藏(图3—40)。这种炕位置离门较远，不会透风，但相对地采光较差。另一种是“斜炕”，即炕位于窑洞前部的槛窗旁，后部设灶，旁边对应门的位置留出通道，后部用于储藏。这种位置可以享受到明媚的阳光，但相对地比较透风。炕的位置不同，相对应的烟囱的位置就会不同。“掌炕”因为炕头在后，烟囱也在垴畔后部；“斜炕”炕头在前，烟囱的位置也在垴畔的前部。除了排烟道和烟囱，炕的位置也影响到立面设计。“掌炕”室内前部是空的，因此门往往开在正中，左右各有槛窗；而“斜炕”因为要尽量将炕做大，门就会开在一侧。因此，不需要进入室内，只要通过屋顶的烟囱和外立面开门的方式，就可以判断出窑洞的室内空间布局。

在砌窑之前，工匠需要进行缜密的设计构思，因为火炕和火灶连通烟囱的排烟道一旦落成就无法再作更改。火炕下部的炕基由夯土做底，高约30厘米，外侧

图3—38 “桂兰轩”正房室内空间

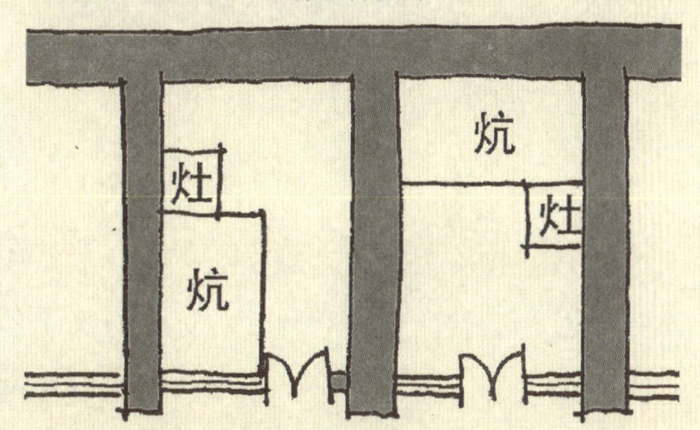


图3—39 室内空间布局（左：斜炕；右：掌炕）

图3—40 “桂兰轩”正房室内火炕（掌炕）

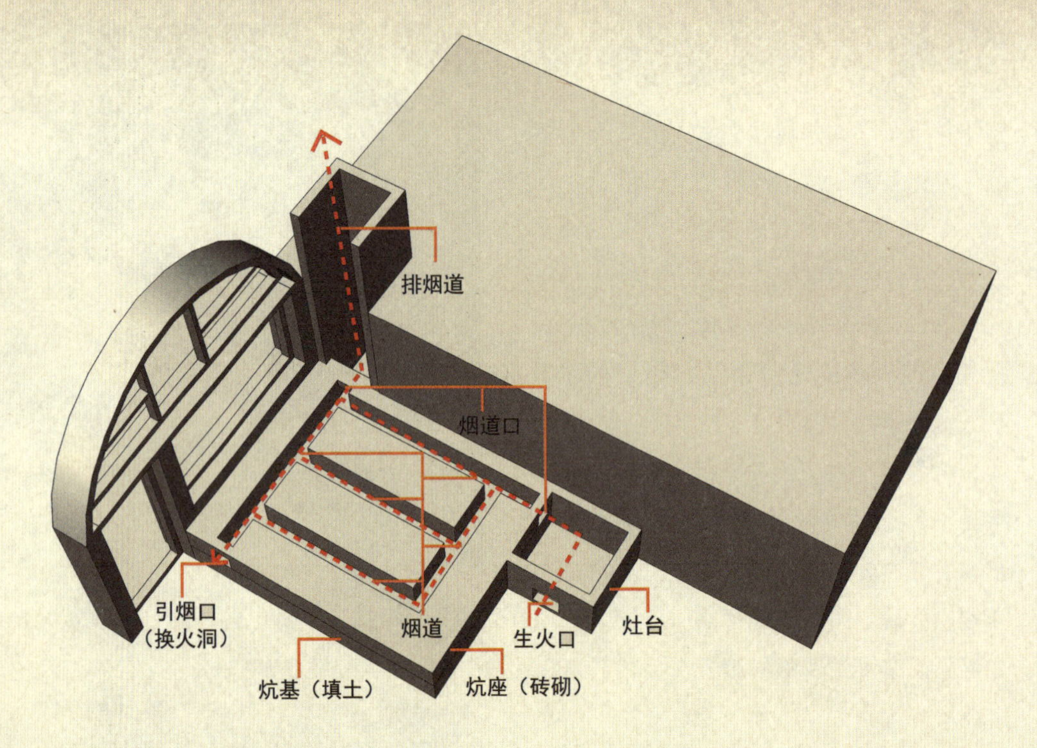


图3-41 火灶及火炕内部烟道流通示意（斜炕）

贴砖，保护内层土坯。上部炕座砌砖，并留出烟道。灶台在炕一侧，冬季使用（其他不需要暖炕的季节使用室外灶台），通过灶台下的生火口生火，产生的烟和热量经由炕、灶之间的烟道口进入炕下的多条烟道，起到暖炕的作用。最后烟雾通过埋在墙内的垂直向排烟道，经由烟囱排到室外。另外，炕座上还会留出约20厘米见方的引烟口（又称换火洞），有的在室内，有的在室外窑面上。引烟口可以促进内部烟雾的流通(图3-41)。

虽然李家山大部分的窑洞建筑都只有一层，但也有一部分二层的窑洞建筑。对于这些位于其他窑洞下方的窑洞建筑，其排烟方式有两种。第一种是直接把烟囱设在上层窑洞的院内，这种做法排烟方便，但会破坏充当上层院落的下层窑洞垴畔的完整(图3-42)。另一种方式是将排烟道延长，与上层相对应的窑洞的排烟道连通，通过上层的烟囱排出(图3-43、图3-44)，这种做法保证了上层院落空间的完整，但常常会有堵塞通道的故障。因此宅主一般都非常清楚排烟道的走向，万一发生堵塞，方便进行检修。

图3-42 下层烟囱在上层院内（“三层院”）

图3-43 下层烟囱与上层贯通（“西财主院”）

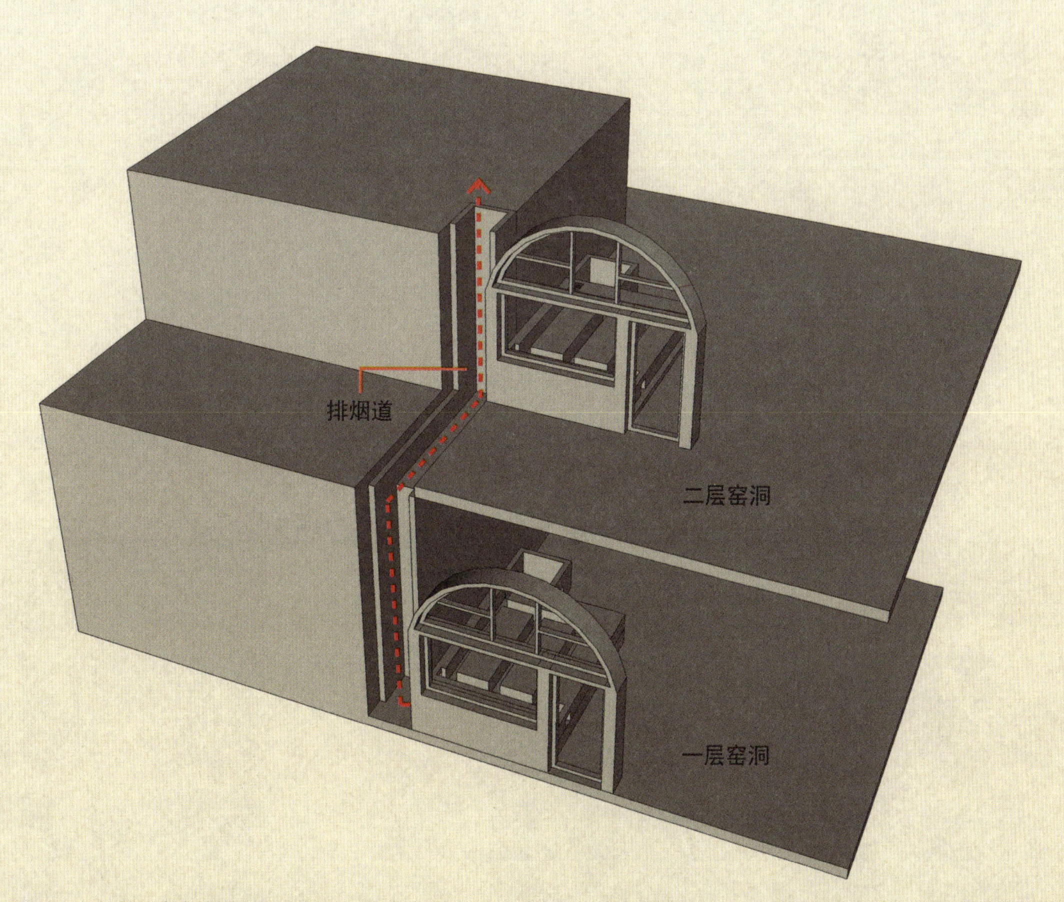


图3-44 下层烟囱与上层贯通排烟道示意

(5) 细节设计

1) 排水口

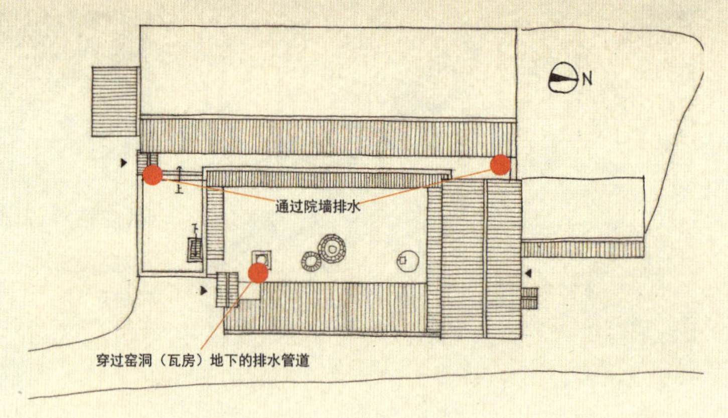

图3-45 “西财主院”排水口分布

排水口的设置也是在建造窑洞之前就要规划确定的。每个院子在建窑之前，需根据周围的道路和地势，确定排水口的位置和数量（图3-45）。有的排水口是直接在墙上开洞排水（图3-46），有的则是建造前在地下预留出排水道，穿过屋内或院门排出（图3-47）。

2) 猫洞

李家山几乎每家的窑洞都会有猫洞（图3-48），猫洞的位置在槛墙与门脚交接的地方。猫进入洞口，通过一个“U”形的通道进入室内捕鼠。这种巧妙的设计既给猫设置出了一个“专属通道”，同时也避免了洞口直接对外而影响到室内保温。

3) 置物台

有些人家在建造窑洞的过程中，考虑到置物的需求，会特地留出特定位置不砌砖，最后就形成了置物台、烛台或鸡窝、狗窝等。在以前没有电力设备的时候，各家都用蜡烛取光，而这样的烛台能够很好地挡风，方便夜间活动（图3-49）。

图3-46 墙面开洞排水

图3-47 地下排水道排水

图3-48 猫洞

图3-49 置物台（“新窑院”）

# 二、典型居住建筑

## 1. “西财主院”

图3-50 “西财主院”院落位置示意图

“西财主院”又名“后地院”，位于村右翼，即大村西侧山坡上，坐西朝东，是一个完整的四合院建筑（图3-50、图3-51）。院落靠近凤首，是西侧建筑群最北的一座窑院，把守古村的北侧入口。宅院建造者李带芬，又名李荣锦，字香亭，人称西财主，生于清咸丰五年（1855年）十二月十一日，亡于民国19年（1930年）七月八日，享年七十六岁。西财主发家于东财主之后，因此村里有“西房住的人熄火，东房住的人发财”[1]的说法。带芬先生殁后，村里人为追颂他，送其“德著乡闾”匾额一块。

1 西房指的是朝西的房子，东房指的是朝东的房子。

图3-51 "西财主院"整体图

现在房屋的主人为李带芬的后代李泉生[1]，宅院除了李泉生夫妇自己居住外，还作为一个家庭旅馆对外经营。近些年，李家山的游客渐渐多了起来，远近画家争相至此，而不少艺术类院校也带领学生来此写生。许多游人、画家、学生来此住宿餐饮，这是李泉生家十分重要的经济来源。

院落西侧为两层的正房，南北各一厢房，北厢房两层，南厢房一层，东侧有一倒座。正门在倒座南侧，朝南向开门，硬山起脊。二层北厢房以及南厢房二层平台的西侧各有一入口。由北厢房的入口出去后，西侧有三孔已破损的窑洞，过去是这家人自己的小学堂，没有厢房或倒座，只是以石墙合围出院落，在东南侧有一朝东的院门。南侧的小门出去后是一块小平地，与正房并列的位置有一孔窑洞，过去是牛棚，现在作为仓库使用。小平地西侧有两间旱厕(图3-52～图3-54)。

---

1 李泉生，李家第十五世孙，生于1961年，原村内剧团琴师。

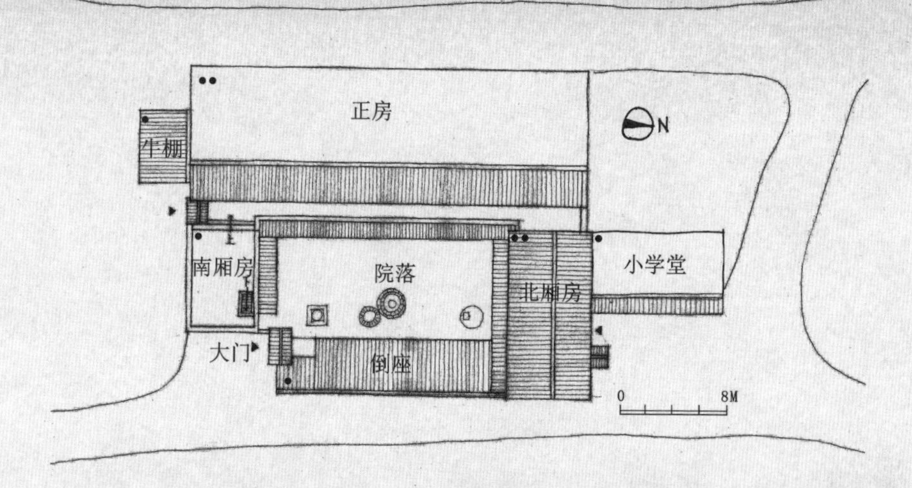


图3—52 “西财主院”总平面图

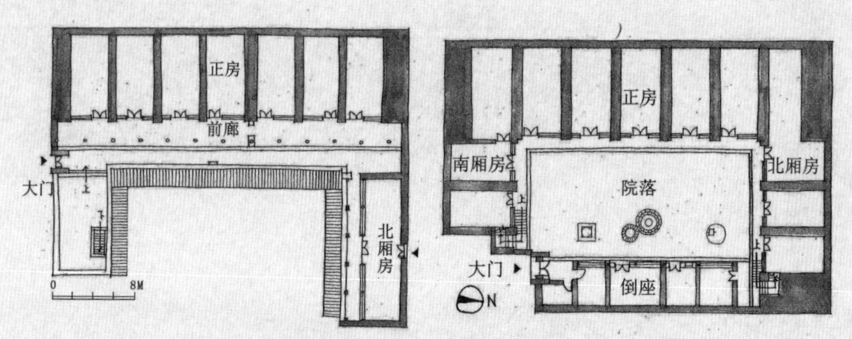


图3—53 “西财主院”平面图(左：二层；右：一层)

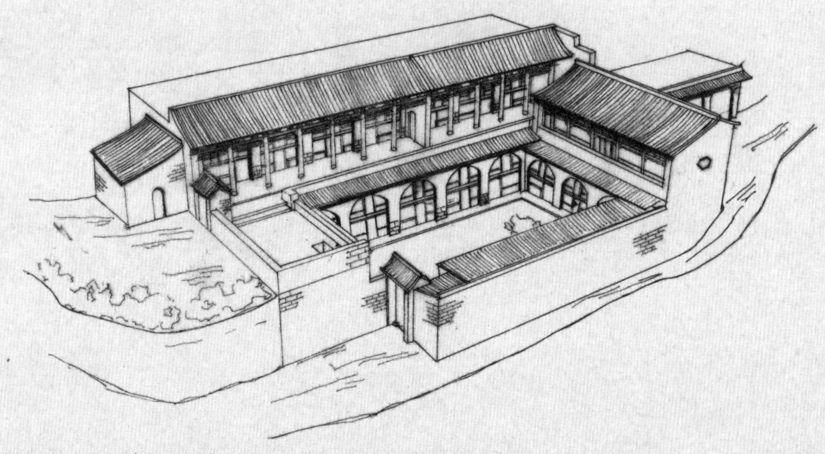

图3—54 “西财主院”鸟瞰图

图3-55 “西财主院”宅院

正房为锢窑，一层为无根厦檐，二层则为明柱厦檐。一层是五明两暗的七孔窑洞，两侧的暗间分别从南、北两侧的厢房进入。二层为七孔明间，南侧四孔和北侧三孔之间有一堵墙，通过一道小门连通。明柱厦檐的建筑结构保持得相当完整，共有明柱十三根，前廊约三米宽(图3-55、图3-56)。

图3-56 “西财主院”院内透视图

南北厢房对称而建，原本都是两层建筑，上层瓦房，下层是无根厦檐的锢窑(图3-57)。后来南厢房下层的窑洞出现

图3-57 “西财主院”北厢房

裂缝，上层的瓦房就拆除了。北厢房依旧保存完整，一层三孔窑洞，东侧有通往二层的楼梯，目前已封闭不用，而南侧与其相对的楼梯仍可使用。二层瓦房前也有一条宽约三米的前廊，门、窗等木构件都保存得较好。

倒座是一层的瓦房，共五间，过去作为牲口棚使用，靠南侧还有一件进深较小的柴草房。院地在倒座前南北两侧对称各有一台石磨和一台石碾，二层的牛棚前也有一台石碾。西北角的屋檐下有一个地窖，还有一个地窖在二层的小南门外。

## 2. “新窑院”

“新窑院”又名“子寿楼”，位于“西财主院”南侧，两院之间隔了三家院子，相距约40米(图3-58、图3-59)。宅院是西财主为其侄子李耀坤[1]在民国5年（1916年）修建的。院子保存得比较完整，现在也同样作为一个可以容纳40～50人的家庭旅馆，长期居住者就只有李子寿的曾孙李海平夫妇[2]。

图3-58 “新窑院”院落位置示意图

院子格局完整，同“西财主院”一样坐西朝东，西侧为正房，南北各有厢房，东侧为倒座，但都只有一层(图3-60～图3-62)。院门在院落东北角，与厢房、倒座成45度角朝向东北方，硬山起脊，五脊六兽，结构和装饰都非常精美，且保存得很好(图3-63、图3-64)。门洞上有书为“钦旌节孝”的匾额。大门门板边缘包有铁皮，门扇上钉有铁门钉，左、右两扇各是五行三列十五个。

1 李耀坤，字子寿，前街之大门，第十二世孙，生于1887年。
2 李海平，前街之大门，第十五世孙，生于1961年。

图3-59 “新窑院”整体图

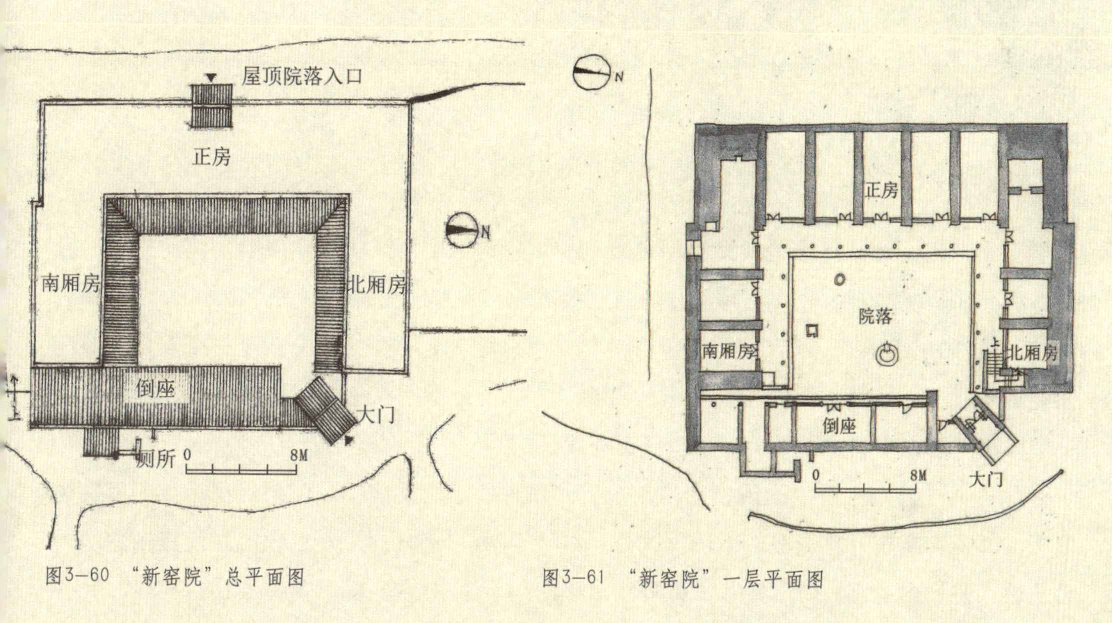


图3-60 “新窑院”总平面图

图3-61 “新窑院”一层平面图

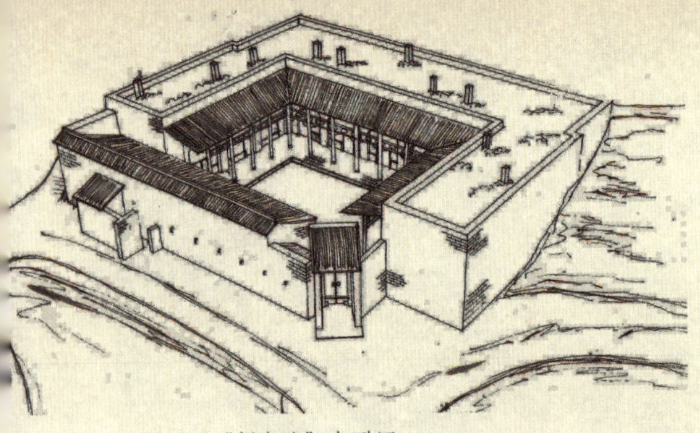

图3-62 “新窑院”鸟瞰图

图3-63 “新窑院”入口大门

图3-64 “新窑院”大门手绘图

正房、南、北厢房都是典型的明柱厦檐。正房是五明两暗的七孔砖窑，两侧的暗间分别从南、北两侧的厢房进入，两侧厢房则互相对称，各有三孔砖窑。前廊宽约2米，正房有明柱8根，厢房各6根。三者都是平顶的锢窑，女儿墙有十字孔的装饰。过去可以由北厢房东侧的楼梯间上塬畔，现在楼梯间已经封锁了。塬畔上除了烟囱外，正房顶部的西侧还有一个破损严重的小门，而围墙部分也已都损毁了(图3-65)。

倒座同“西财主院”的规格相似，是五间作牲口房的瓦房，现改为厨房。倒座南侧为厕所，并延伸至院外。倒座的东墙（院外）约1.3米高处有一排四个栓马石。倒座前放有一台石碾，院子里还有一口水井和一口可以沿楼梯走下去的地窖(图3-66)。

图3－65 “新窑院”宅院

图3－66 “新窑院”宅院

## 3.“三层院”

图3－67 “三层院”院落位置示意图

“三层院”建于建国初期，现在同属一家，原户主李永春[1]已去世，目前只有其妻张玉连在内居住，儿女孙辈全都在外定居（图3－67）。

“三层院”是李家山比较有代表性的一组建筑，也是当年吴冠中先生在李家山所画的建筑群(图3－68)。它由三个完整的三合院组成，沿地势起伏，层层而上，下层正房窑洞的屋顶即是上层院落的院子(图3－69～图3－71)。三个院落均坐西朝东，大门在南侧向内开，并以西房为正房，正房是无根厦檐式窑洞，屋顶有十字孔女儿墙，耍头部分损毁，但整体上保存完整。南、北两侧都有硬山起

1 李永春，前街之大门，十三世孙。

图3–68 "三层"院整体图

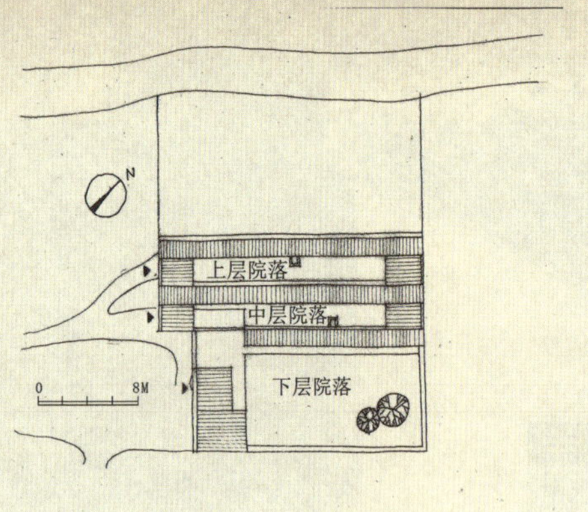


图3-69 “三层院”总平面图

图3-71 “三层院”鸟瞰图

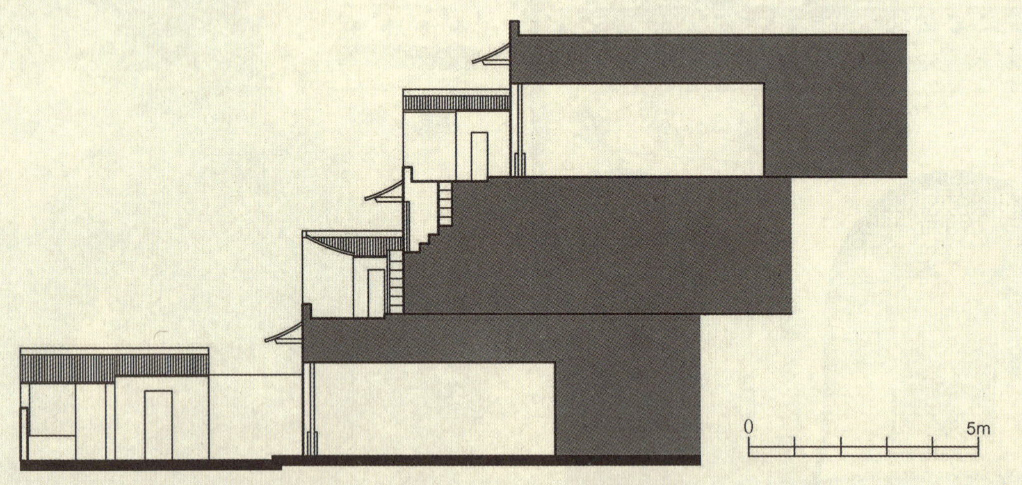


图3-70 “三层院”总剖面图

图3-72 “三层院”下院入口

脊、单坡向内的厢房。

最底层院落的大门保存较好，和南厢房一体，砖木结构，硬山起脊，单坡向内(图3-72)。门上提有匾额“发家致富”，落款“李步铭书于1950年”，抱鼓石上有精细的菊花雕刻。大门外有一对石磨、石碾。北侧的石碾保存完好，而南侧的石磨已毁坏。石磨、石碾对面有两孔原来作为厕所和柴房的小窑洞。正房三孔石窑，无根厦檐式，共有7个耍头。窑洞的木门窗已翻新，刷以蓝漆。没有北厢房，院子北侧和东侧用院墙围合。北侧院外有两孔窑洞，目前已废弃。院内没有与上层窑洞直接联通的楼梯，须出院由院外的坡道走到上层窑洞。

中间一层院落的格局、完整性都较好(图3－73)。南侧有一独立的院门，门头损毁较严重，但可以看出是五脊两兽的双坡屋脊。院外有两孔原来作为厕所和柴房的小窑洞。正房五孔石窑，还保留着原有的木门窗，靠南侧的三孔已经废弃，张玉连住北数第二间窑洞，窑洞内有灶台、火炕，与院内单独烧煤炉相连。房上已没有瓦片，只剩下11个耍头。正立面有天、地神龛。南侧原有楼梯可直通最上层院落，但目前已封。院内有北厢房，砖木结构，硬山起脊，单坡向内，现在存放煤炭使用。院东侧有一两间的倒座，已废弃使用。倒座北侧搭建了一个简棚，下设灶台，作为春、夏、秋的厨房使用。院地硬石铺装，有两口菜窖，无磨盘、碾盘。

最上层的窑洞现已基本废弃，无人居住(图3－74)。正房五孔窑洞，耍头保存较完整。南北厢房各两间，砖木结构，硬山起脊，单坡向内。南厢房其中一间作为院落大门，另一间是原来与下层相连通的楼梯间。

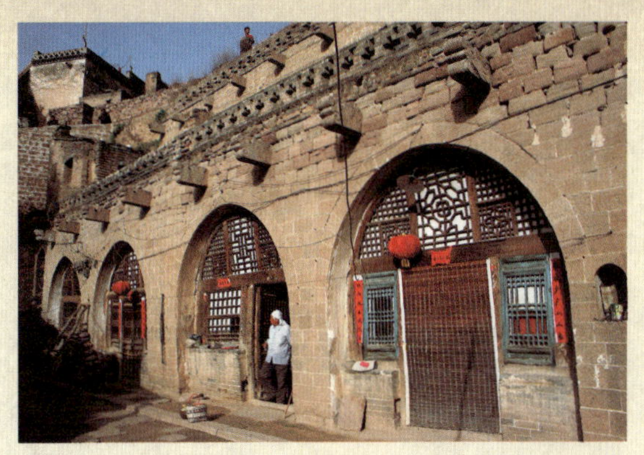

图3－73 “三层院”中院

图3－74 “三层院”上院

## 4. “惠迪吉”

“惠迪吉”位于大村西侧，“新窑院”下方偏南(图3–75)。院落位置既不在山坡上，也不在沟底，而是在中间位置。因此站在院前的空地上，抬头可以仰视西侧的“新窑院”、东侧的“东财主院”，低头可以俯视下面的“麒麟院”，凤尾的“诗礼传家院”，视野良好（图3–76）。

图3–75 “惠迪吉”院落位置示意图

图3–76 “惠迪吉”整体照片

院落建于民国3年，现在仍保持着原来的建筑原貌，没有改动(图3—77)。窑院布局比较简单(图3—78、图3—79)，正房坐西，倒座坐东，南、北两侧没有厢房，通过院墙围合窑院，大门在东北角，与倒座呈45°角。院子南侧对应的下方有三孔简单的小窑洞，作厕所、仓库使用。

经过门前小院来到大门前，抬头就可以看到门上嵌入了一块匾额，大字书写“惠迪吉”，右侧小字写“中华民国三年”，左侧小字写“菊月谷旦吉立”。大门为独立式门楼，门前两根细木柱支撑前屋檐，檐下有精美的额枋、雀替装饰(图3—80)。

正房为三孔无根厦檐窑洞，作为日常居住使用，门窗装饰精美，每一孔都独具特色，窑面上还留有佛龛，只是如今已不供佛(图3—81)。窑洞前用砖铺出一段前廊，院地则不设铺装。倒座贴近大门，是一孔独立的锢窑，从侧面开窗、开门，作为厨房和库房使用(图3—82)。“惠迪吉”是李家山少有使用锢窑作倒座的宅院。

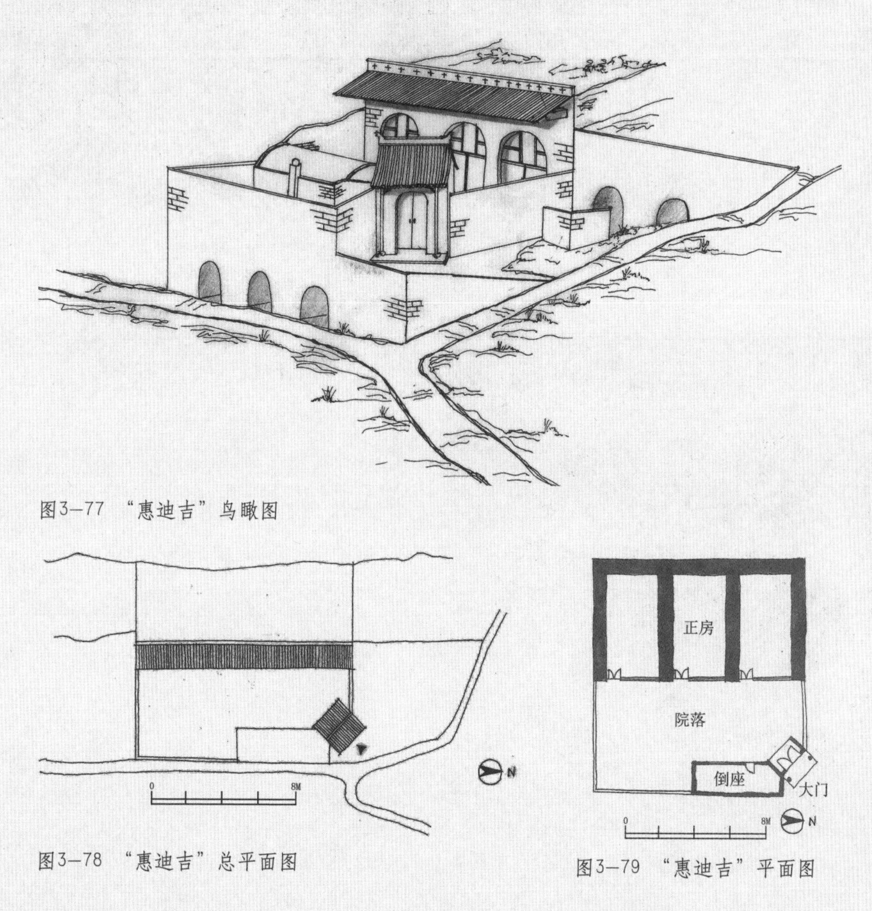


图3—77 “惠迪吉”鸟瞰图

图3—78 “惠迪吉”总平面图

图3—79 “惠迪吉”平面图

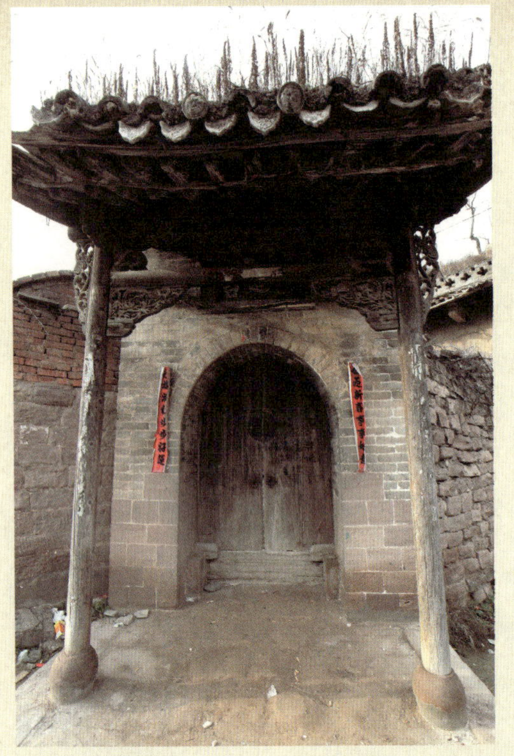

图3-80 “惠迪吉”大门

图3-81 “惠迪吉”俯视图（倒座、大门）

图3-82 “惠迪吉”正房

图3-83 “桂兰轩”院落位置示意图

## 5. “桂兰轩”

“桂兰轩”位于庙梁上东侧，村落最北端较高的位置，也是凤凰山凤头所在之处（图3-83）。窑院分为两层，上层为五孔单排窑洞，明柱厦檐；而下层为窑洞合院，主院左右各有相邻窑院，虽如今属不同院主，中间设有隔墙，但在建造之初都是李氏一家所有。家族人丁兴旺，建筑相互簇拥，相互连通，是李家山最为宏伟、保存最为精良的院落群之一（图3-84）。“桂兰轩”坐西北面东南，朝向左翼（即小村）山谷（图3-85～图3-87）。“桂兰轩”的窑顶，也是山头最高的位置，站立于此，可将李家山大大小小的建筑尽收眼底（图3-88）。

图3-84 “桂兰轩”远眺图

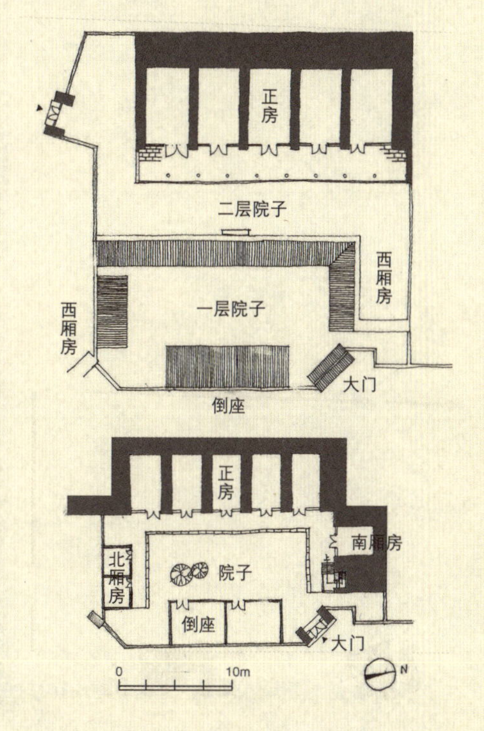


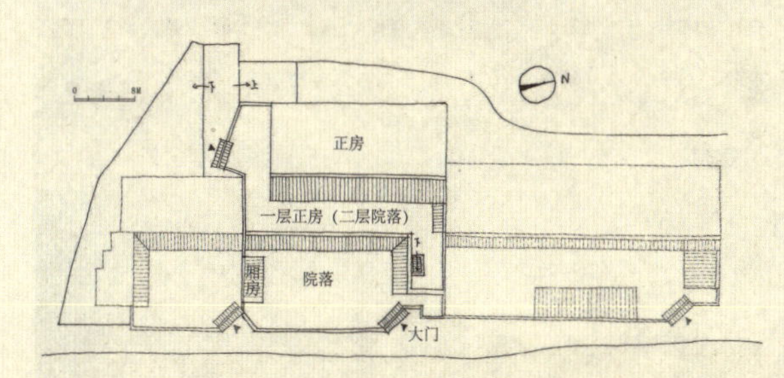


图3-85 “桂兰轩”总平面图

图3-86 “桂兰轩”平面图（上：二层；下：首层）

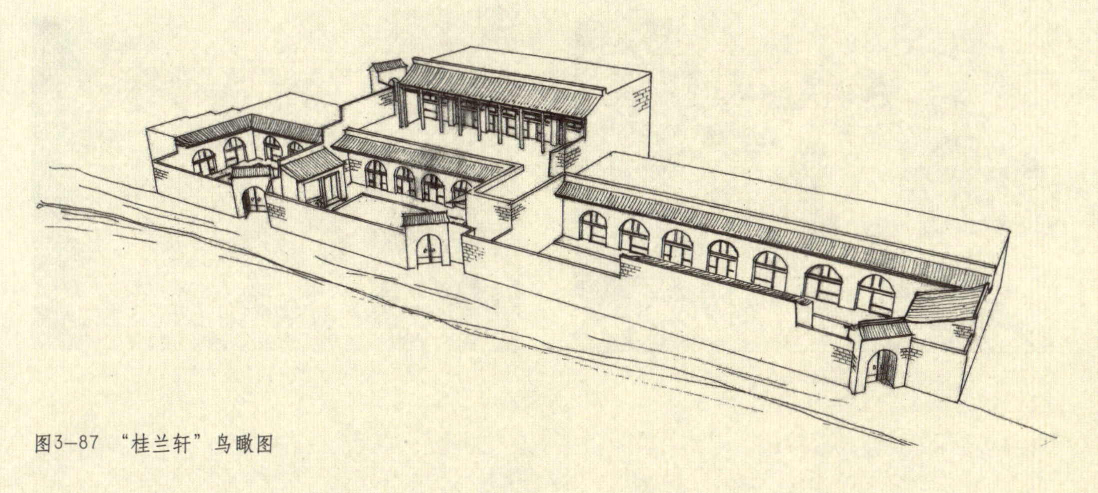

图3-87 “桂兰轩”鸟瞰图

“桂兰轩”现在的主人名叫李荣厚，1930年生[1]，建造年代已没有史料可查，但据李荣厚所说，是他的“老祖爷爷”李生香所建造，传到如今已历经五代。根据《李氏族谱》记载，李荣厚是“上街二门（李璋）”的后人，高祖李生香，曾祖李登锦，而李登锦乃是和东财主李登祥同辈，同是李氏第八代孙，如此可以推测出，“桂兰轩”的建造年代大致和东财主院相当，或者更早。

主院落一层正房为五孔窑洞，朝东偏南，窑洞为石质接口窑（图3-89～图3-91）。南厢房已经损毁。北厢房为一孔石窑，偏东有连接上下的楼梯，唯因上下层已经分属不同主人，而两院都有各自的出入口，因而楼梯早已废置不用。东

图3-88 “桂兰轩”屋顶脊兽眺望全村

图3-89 “桂兰轩”上层入口大门

图3-90 “桂兰轩”上层窑洞明柱厦檐

图3-91 “桂兰轩”院落

1 引据《古镇碛口》。

图3-92 “桂兰轩”二层院落平台

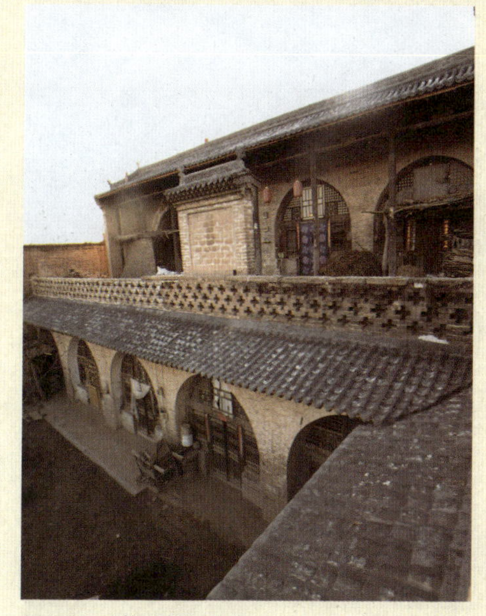

图3-93 “桂兰轩”院落

侧倒座据推测是两间木构建筑，但损毁严重。院门位于东北角，硬山起脊，做工朴实，门上匾额书写着“桂馥兰芳”四个大字。

二层窑洞正房为五孔砖窑，八根细长的木柱支撑檐口，前廊宽约两米，供主人纳凉休憩，眺望远山。东面正对正房明间处，矗立一块影壁。北侧一间小砖房，推测是后人所修。南边有一小院，是上层建筑的前院（图3-92、图3-93）。小院南边开一拱门，门楣上石匾写着“桂兰轩”。

底层主院南北两侧各有一个跨院。南侧院落较小，可能是后期祸起萧墙，分院自立。北侧院落较大，正房为七孔石窑，坐西朝东，为无根厦檐；另有北厢房两间，与正房相连；倒座三间，均为木构，可能用作牲口棚和储藏室；院门硬山起脊，朴实简单，位于东北角，朝向东北方。

### 6."东财主院"

"东财主院"位于凤身之上，在凤脊的最南端，把持着山头，坐东朝西，是大村东侧建筑群中位置最高的建筑之一（图3-94、图3-95），向南可以眺望山谷，向西与西财主的建筑群遥相辉映，相互对峙。

图3-94 "东财主院"院落位置示意图

图3-95 "东财主院"整体图

“东财主院”是“东财主”李登祥建造的。李登祥是李氏家族迁居李家山后第八代孙辈，相传比西财主发家更早。李登祥在碛口开有“德合店”与“万永和”两家商号，在李家山天官庙内同治五年的《施钱人名碑》中有这样的记载：“总经理乡饮耄宾李登祥……施银二百两”，足见东财主家大业大。据现在主人说这座建筑是在同治五年所建，与天官庙建于同一年。西财主崇文，东财主尚武，东西相峙而建，各有千秋。

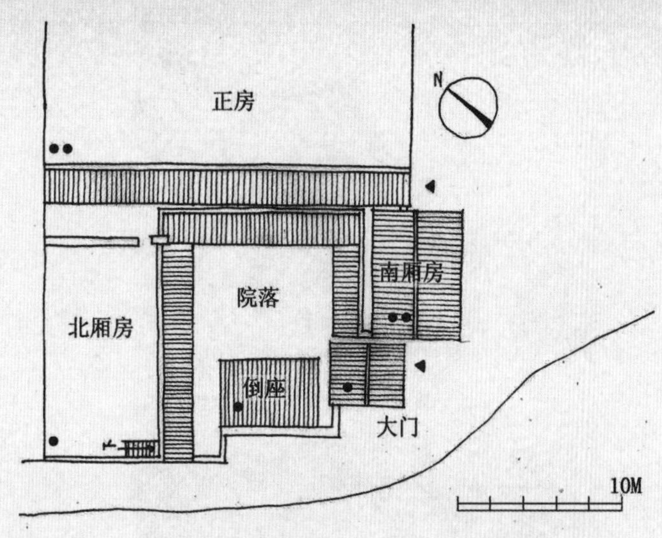


图3-96 “东财主院”总平面图

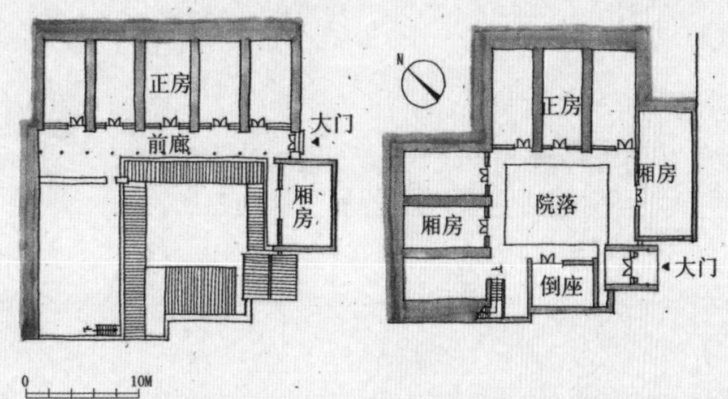


图3-97 “东财主院”平面图（上：二层；下：首层）

“东财主院”为两层窑院。一层院内正房坐东朝西为三孔窑洞，方石起拱，砖木隔断，为无根厦檐。西侧倒座较小，为砖砌瓦房两间，用以储藏物品，房屋较为低矮，减少对正房视线的遮挡。南侧厢房，石窑二孔，其西侧为院门，硬山起脊，是李家山最为奢华的院门之一（图3-96、图3-97）。大门面南而开，其上有匾额，书写“堂构增辉”四个大字，上款为“壬戌年（1862年）孟秋月”，下款为“任应龙书”。大门正脊花饰美轮美奂，墀头雕花工艺精湛，门替、雀替、侧壁等均匠心独运，十分考究（图3-98、图3-99）。尤其是墀头上的雕花“麒麟献瑞”，雕工精细，保留完好，精美绝伦。北厢房为三孔石窑，石窑西侧尽头有一部楼梯，通向房顶，也是二层的院落平台（图3-100～图3-103）。

院落东、南、北侧都有二层建筑。与一层的无廊窑院不同，二层正房五孔窑洞，八根细长的明柱支撑厦檐，廊宽约3米，廊子南端尽头设一小拱门，直通院外。二层正方窑洞为砖砌的锢窑。南侧厢房，面阔三间，为砖木结构，硬山起脊，建筑质量极佳，至今门窗隔

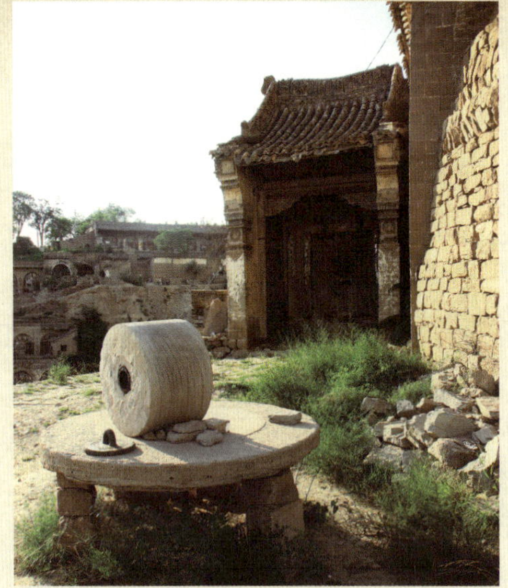

图3-98 “东财主院”院门

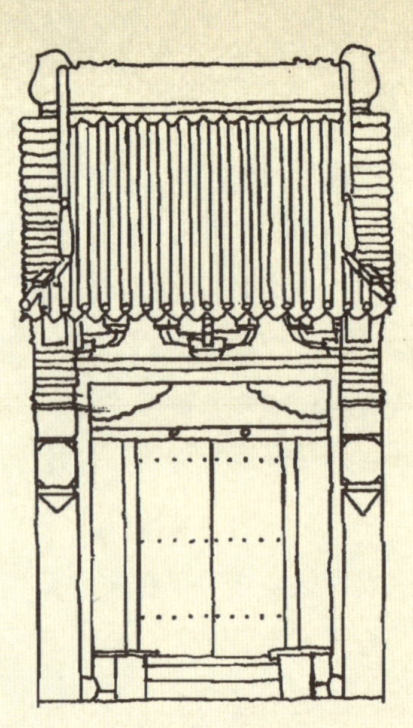

图3-99 “东财主院”院门立面

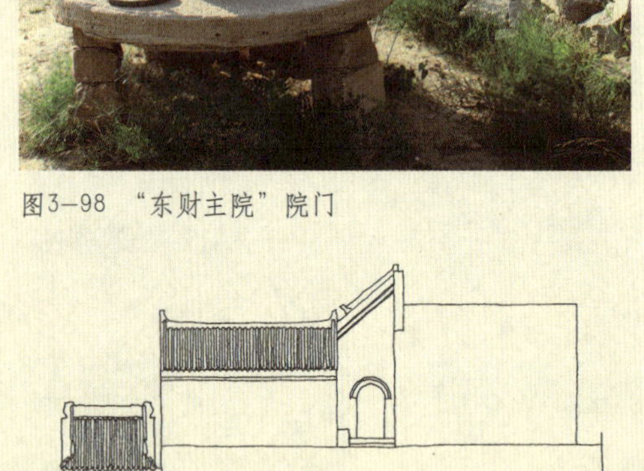

图3-100 “东财主院”南立面

图3-101 “东财主院”西立面图

图3-102 “东财主院”剖面图

图3-103 “东财主院”鸟瞰图

图3-104 “东财主院”院落俯瞰

扇等都保留完好（图3-104～图3-107）。相较之下，北侧的厢房则破碎严重。据居民说，原先北厢房与南厢房是同一形式，但由于一层的北厢房不堪重荷，墙体裂缝，因此上层必须拆毁，现在只有很小的一间茅草房，但却留出了一层窑洞顶面“垴畔”大面积的平台（图3-108）。

窑院大门南面是一块面积约700平方米的坪地，是东财主的晒场（图3-109）。村中富贵人家大多不用底层窑顶的“垴畔”作为晒场，而是在院外另寻一块空地，东西财主皆是如此。晒场上靠近院门处有一台石碾，南厢房外又有后修的三孔石窑，规模较小，可供炊厨之用。据现在居住在窑洞中的李玉珍说，晒场是其父李占彪在20世纪30年代所修。

图3-105 “东财主院”入口手绘图

图3-107 “东财主院”院落照片

图3-108 “东财主院”双层院落照片

图3-106 “东财主院”院内手绘图

图3-109 东财主院门前生活空间及公共空间

## 7.“宝善处”

“宝善处”位于大村的两翼相夹之处，坐北偏东朝南偏西（图3-110）。院前的空地，是村中乡民常常聚集的地方，这里风水绝佳，视野良好。院子本属于西财主的财产，后归这里的地主拥有，地主为人善良淳朴，每逢灾年，便打开“宝善处”院门，发放粮食赈济灾民，于是村民早已与“宝善处”结下不解之缘。院门前有一石碾，现在仍为村民所用。

“宝善处”院落较小，正房坐东北面西南，三孔石窑，为无根厦檐。西北侧厢房为木构，作为仓储和厨房，与南边倒座相连。倒座为马厩和储存室，西南角为石拱院门。东南侧与“李建新院”共用院墙。西北侧厢房和西南侧倒座皆为单坡硬山顶。庭院中有古树可供纳凉，东侧有石磨。正房前两层石板，铺设高圪台。正房塬畔之上，则是“桂兰轩”的门前晒场（图3-111～图3-113）。

图3-110 “宝善处”院落位置示意图

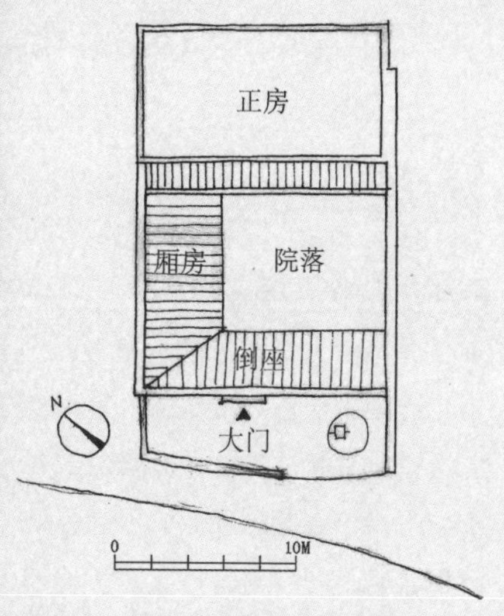

图3-111 “宝善处”总平面图

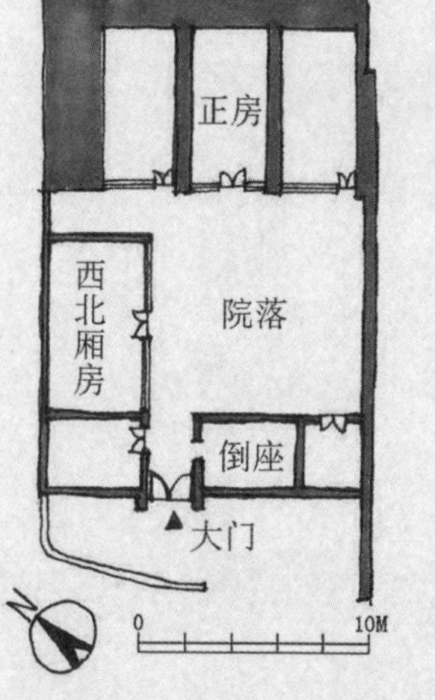

图3-112 “宝善处”平面图

图3-113 “宝善处”院落照片

## 8．"李建新院"

"李建新院"建在"宝善处"以东，虽然位置在东梁之上，临近东财主属地，但实为西财主的财产（图3–114）。院门无匾额，因现在院落主人名叫李建新，姑且命名为"李建新院"。院落保留较为完整，如今院落主人开设农家旅馆，能容纳近百人。

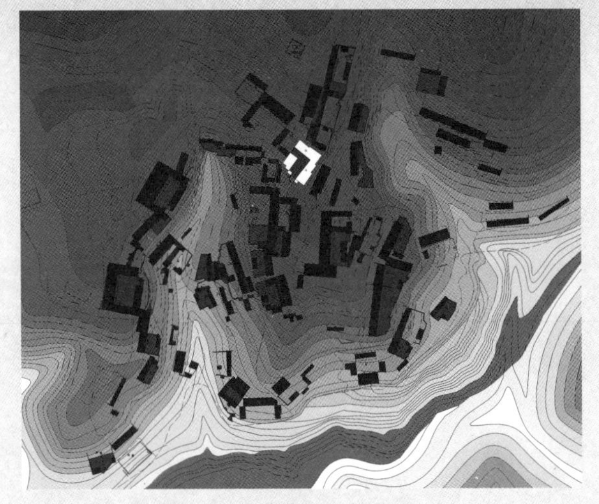

图3–114 "李建新院"院落位置示意图

院子为一层四合院，院中长方砖铺地，靠近窑洞的部分有石板铺装，作为庭前休憩圪台。建筑位于东南西北四面，正房坐北偏东朝南偏西，四孔窑洞，石拱砖墙木门窗。东南侧的厢房为三孔窑洞，与北方交界处另有半孔窑洞，这半孔窑洞没有设门，只有窗帘，内设厨房。西北侧的厢房为砖墙木构，面宽三间，单坡硬山。厢房靠北有一拱门，通向隔壁的"宝善处"，如今分家，拱门已经砌满堵死。倒座为两间马厩，硬山起脊，如今改为餐厅。院子东南有大门，面朝南开，门前有高台空地可休息停留（图3–115～图3–118）。

院中两个地窖，一米见方，可下一人，地窖中贮藏蔬菜和饮料等。

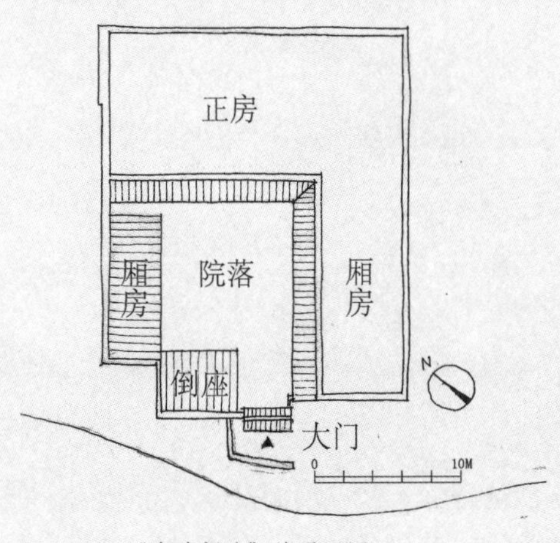


图3–115 "李建新院"总平面图

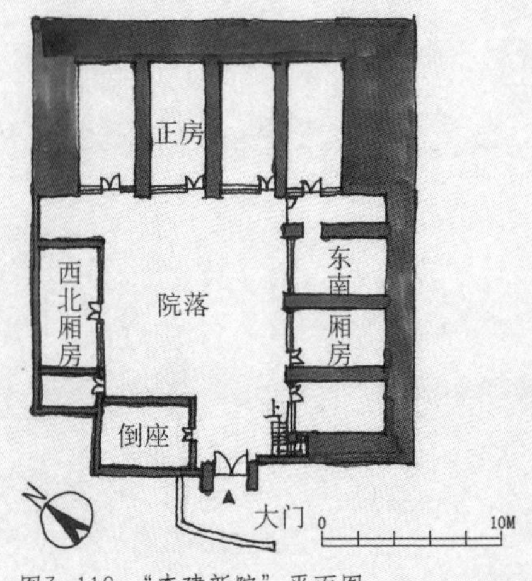


图3–116 "李建新院"平面图

图3-117 “宝善处”及“李建新院”鸟瞰图

图3-118 “李建新院”入口

## 9. “诗礼传家院”

“诗礼传家院”位置偏低，在东侧建筑群的最下端，也是最南端，紧邻咸沟，与村口连桥毗邻（图3–119～图3–121）。从山上俯视，整个山谷空间在此收缩，汇聚到“诗礼传家院”，成为空间序列结束的收束，“诗礼传家院”是大村山谷最终的节点。从山下仰望，作为村口首当其冲的建筑，“诗礼传家院”是从西南小路进村来的第一道建筑节点。其旁边的小桥连接东西山沟，此间的空地也是村口的边界空间（图3–122～图3–124）。

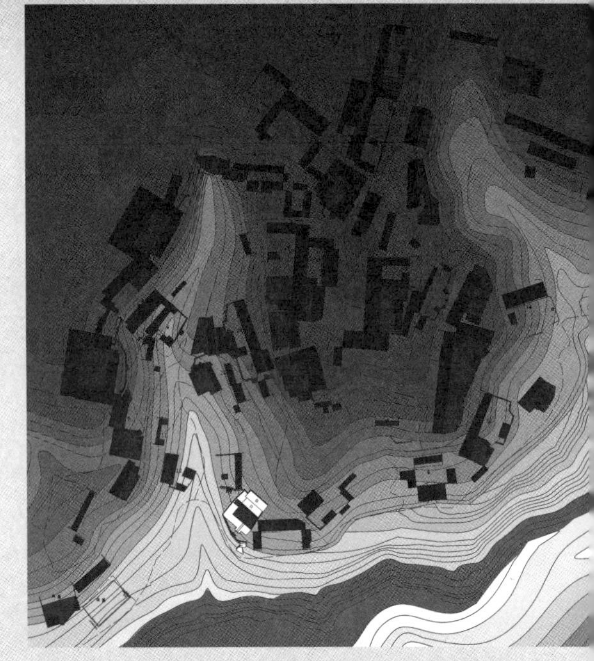

图3–119 “诗礼传家院”院落位置示意图

图3–120 “诗礼传家院”院落毗邻深沟

图3-121 “诗礼传家院”院落毗邻深沟

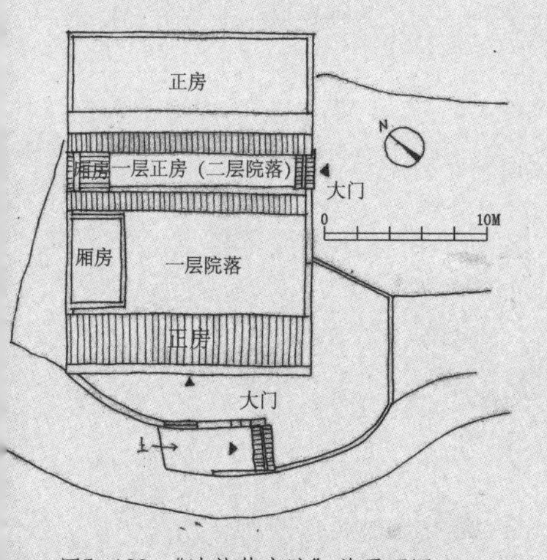


图3-122 “诗礼传家院”总平面图

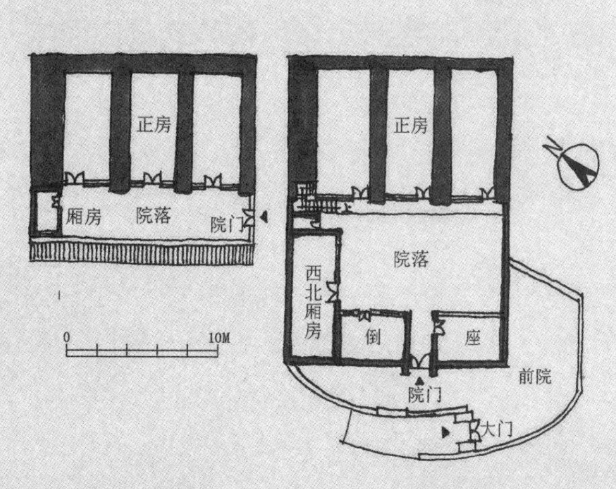


图3-123 “诗礼传家院”平面图

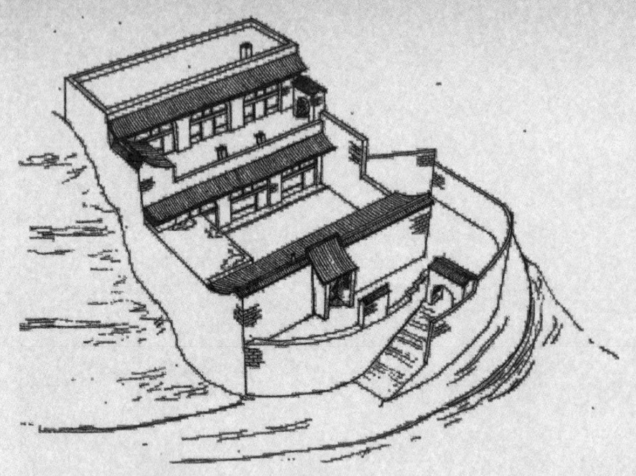

图3-124 “诗礼传家院”鸟瞰图

图3-125 “诗礼传家院”外层院落照片

院落分前院和后院。前院建于高台之上，素土地面，墙体呈弧形，院门硬山起脊，面东而开。进院后右侧为砖砌门房。内院院门位于倒座中间位置，门上雕琢精致，正面匾额上写着“诗礼传家”四个大字。内院正房两层皆为无根厦檐，上层三孔砖窑已经弃置不用，楼梯也已堵塞，上层另有其他出入口；下层三孔石拱砖墙木门窗，依旧居住着村民。西南倒座为单坡瓦房，只用作炊厨、仓储。院子西北厢房为砖房，其为后期添加上的新建筑（图3–125、图3–126）。

图3–126 “诗礼传家院”

## 10. “董生院”

“董生院”位于东侧建筑群中较高位置（图3-127）。从庙梁上沿环路向下，第一个院子便是“董生院”。院子上下两层，形式不拘一格，下层为“L”型窑洞，上层内退为“I”型。因为院子主人名曰“董生”，故称“董生院”（图3-128～图3-130）。

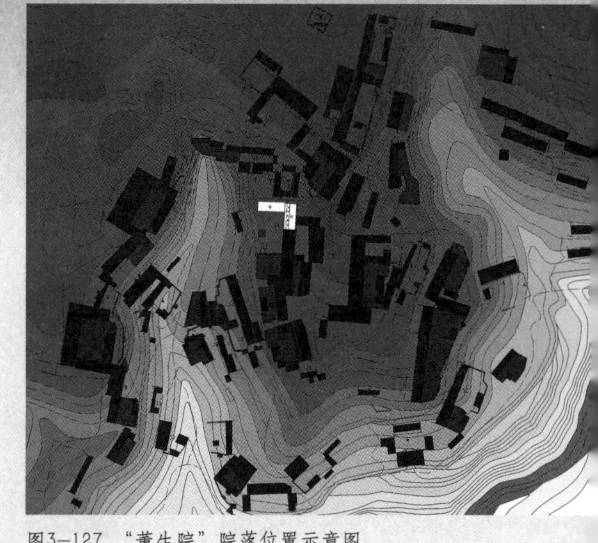

图3-127 “董生院”院落位置示意图

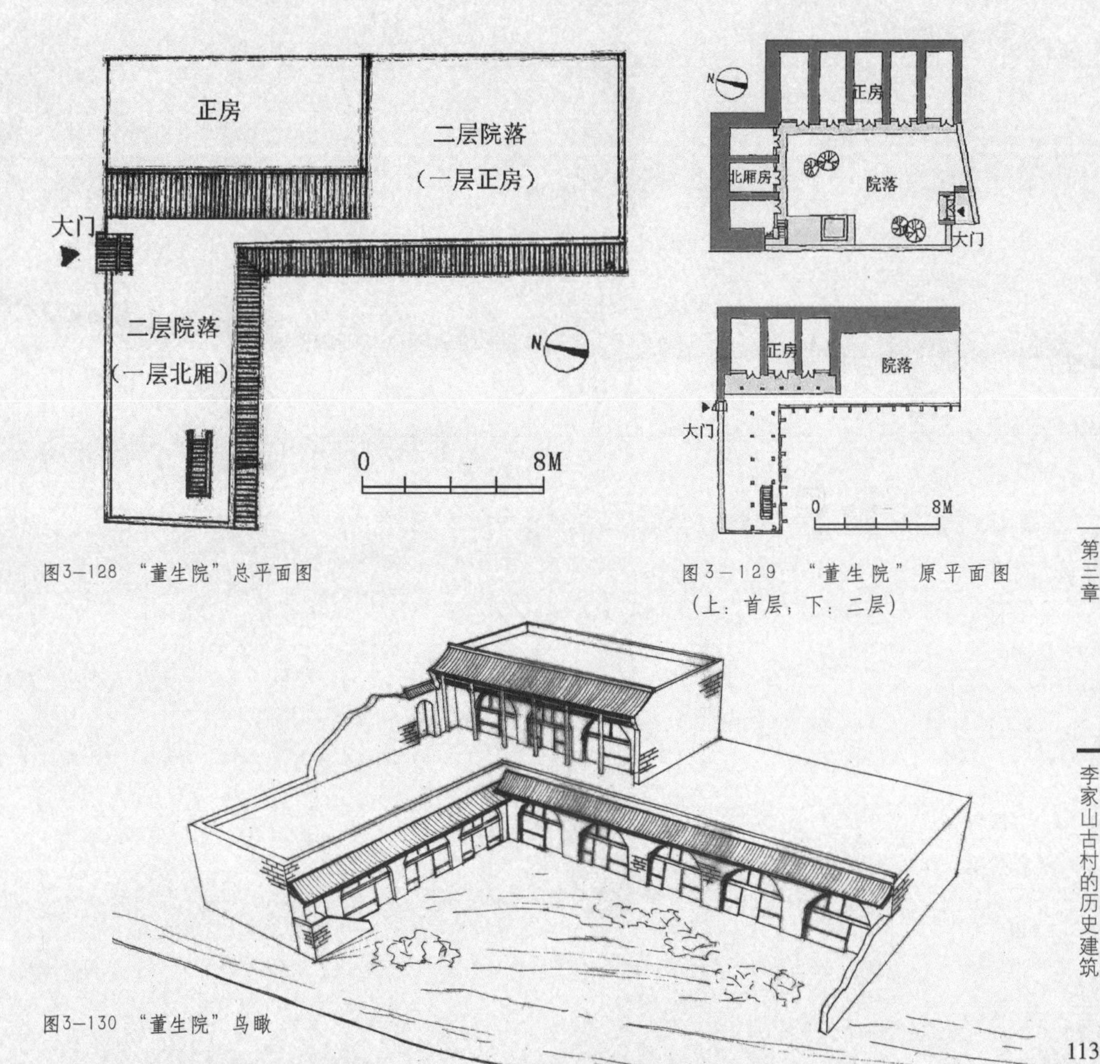


图3-128 “董生院”总平面图

图3-129 “董生院”原平面图（上：首层；下：二层）

图3-130 “董生院”鸟瞰

上层院子为明柱厦檐，柱子直径较小，只有大约20厘米，共七根，其中端头的两根被包在山墙内。建筑的窑脸内退一米多，留出建筑前廊，檐口为双层椽子，较为厚实。主体建筑为三孔砖拱锢窑，两边有山墙，室外的院子位于底层窑洞垴畔之上，石板铺地。院子最西侧有连通上下两层的楼梯。院子南面是一块空地，作为主人的晒场。北侧有门，门外是陡峭的台阶，上面便是村民口中的"庙梁"，即一处道路交汇的高地（图3–131～图3–133）。

一层院落已近破败不堪，杂草丛生，也早已无人居住，但整体院落空间感依旧存在。东侧正房为五孔砖窑，北侧三孔砖窑，原有的院墙已近坍塌大半，西侧的小厢房也只剩残垣断壁，院口放着石磨，而南侧的院墙坍圮之后便与向南相邻的院子相通（图3–134、图3–135）。窑洞本身尚且坚固，为无根厦檐，檐口已经荡然无存（图3–136、图3–137）。

图3–131 "董生院"远观

图3-132 “董生院”西立面图

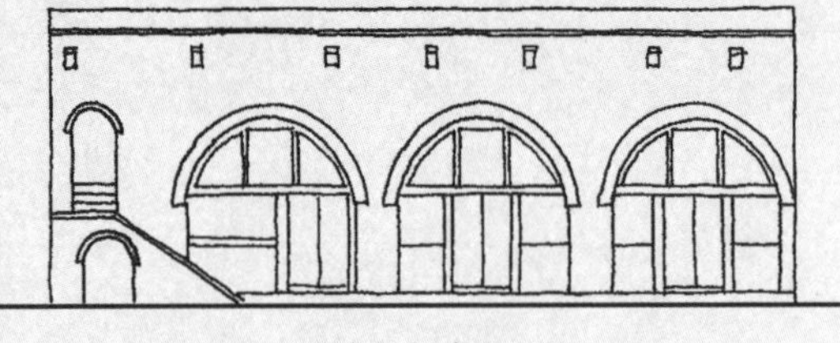

图3-133 “董生院”南立面图

图3-135 “董生院”手绘图

图3-134 “董生院”照片

图3-136 “董生院”上层照片拼贴

图3-137 “董生院”底层破败的院落

## 11.大村东侧建筑群

李家山大村的东坡山腰上有一组十分紧凑的建筑群（图3–138、图3–139），虽没有像“东财主院”那样恢弘和精美，但整体感极强，层次丰富，属于不同人家在此先后营建的小型建筑群，共有6个院落（图3–140、图3–141）。由于山势陡峭，建筑依山而起，呈散点式分布，中间有 “之”字形的上山道路，连接各个院落，每到道路拐点，便是一个院落的门前平台（图3–142～图3–144）。东侧建筑群借助山体的复杂地形搭建，却产生了更为独特的组团效果，参差错落，美妙精巧。

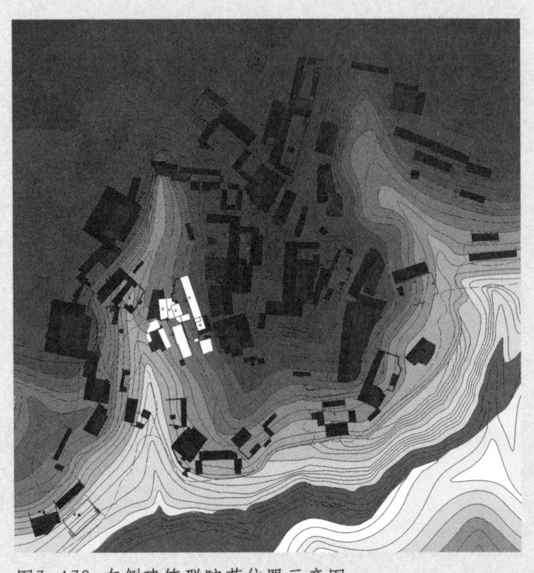

图3–138 东侧建筑群院落位置示意图

图3–139 东侧建筑群照片

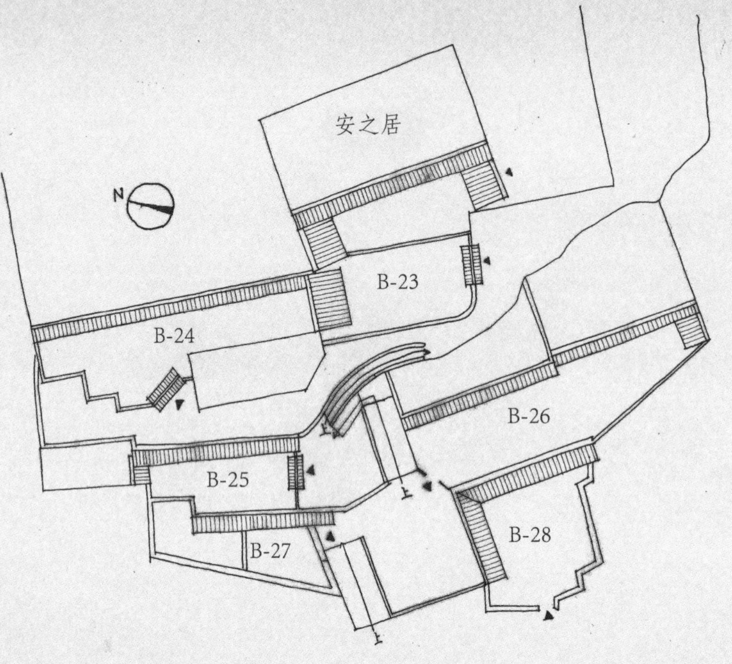


图3-140 东侧建筑群平面图

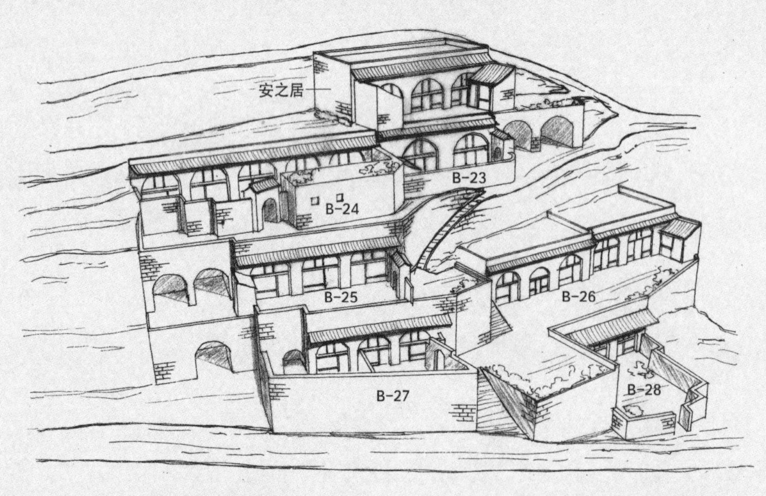


图3-141 东侧建筑群鸟瞰图

图3-142 道路串联各个院落

图3-143 东侧建筑群手绘图

图3-144 从山顶望东侧建筑群

东侧建筑群从最下边开始（图3—145～图3—147），从主路入口南侧有一个梯形的院落，院墙大多坍圮，院门也只有门扉，东北有三孔窑洞，西侧的建筑为两孔同一时期的窑洞，均为石砌加固，细泥抹面（图3—148、图3—149）。

B—28院上层另有一个院子，借用底层垴畔为院落，分布有五孔大小不同的窑洞。左边三孔相对稍有内退，中间一孔起拱较低，作为厨房，左右两边的是居室。右边两孔窑洞现在已经不作为居住使用，只存放杂物。五孔窑洞的檐口均为石板，直接插入窑内（图3—150、图3—151）。

图3—145 东侧建筑群街道细节图（一）

图3—146 东侧建筑群街道细节图（二）

图3—147 东侧建筑群街道细节图（三）

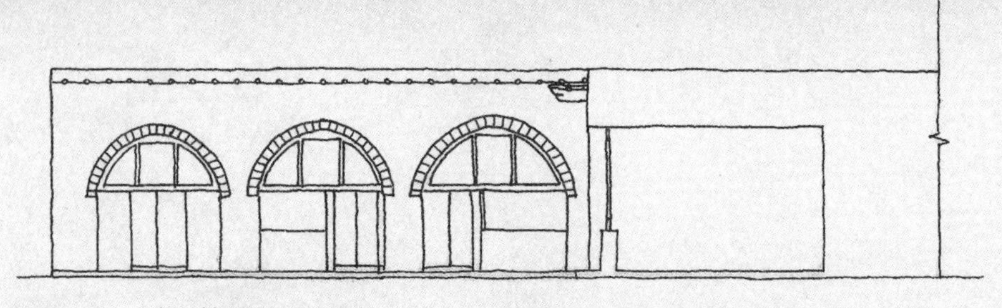

图3-149 B-28窑洞剖面图

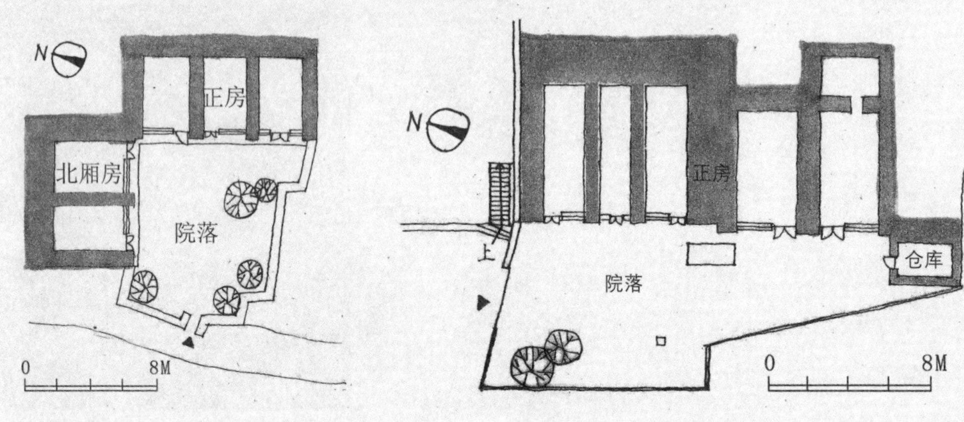


图3-148 B-28院平面图　　图3-150 B-26院平面图

图3-151 B-26窑洞立面图

再沿路往北，约有45度的山路正中央有一石砌院墙，斑驳沧桑，折角约60度。折角正对山路中央，将路分为两条：左侧的一条通向山沟的中部，为尽端路；右侧的一条是上山的唯一路线，串联起各个院落。这个60度折角院墙的院子，人称“关财院”，因为院子的形状异样，风水上有聚财的祥兆。“关财院”院门已经不在，院内只有一排朝向西南的

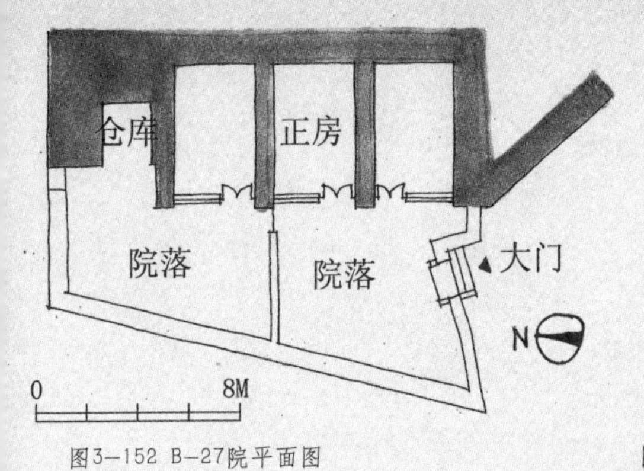

图3—152 B—27院平面图

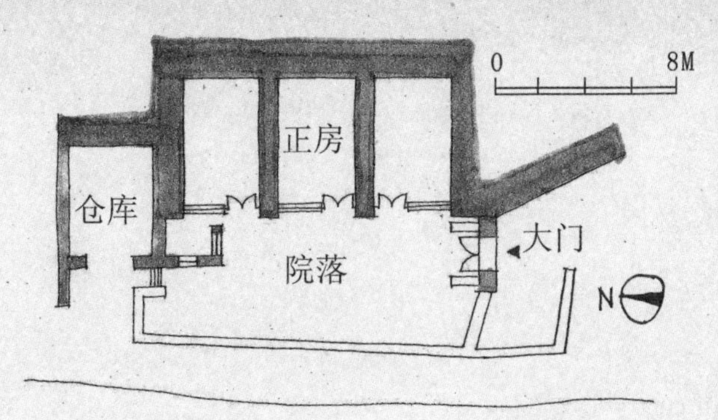

图3—153 B—25院平面图

三口窑洞，中间一孔稍高，尽头处另有一孔稍有退界的小窑洞，内部存放杂物（图3—152）。

"关财院"上层还有一个院落，院子大门较为完好，门前有一小片平台，视野极佳。院内三孔窑洞为无根厦檐，耍头四个，尚且保留完好，北侧有砖体小厢房，供存放杂物（图3—153）。

再往上走便是东侧最为陡峭的"之"字形道路，其沿弧形崖壁而上，一边是斑驳的高墙，一面是错落的山谷，脚下是石板磊磊，古风犹存。石板横竖错列铺设，以防止滑落（图3—154）。

沿"之"字形道路往上还有几个院子。其中"安之居"院左右两厢单坡瓦房，中间三孔明柱厦檐的窑洞，较为精致，但门前一块平台整体下陷，使得这个院落无法进入（图3—155）。

图3—154 陡峭的"之"字形道路

图3-155 “安之居”及其下部B-23、B-24院落

## 三、庙宇建筑

李家山原有四座庙宇，但其中三座毁于”文革”期间，现在仅存三官庙。三官庙又名天官庙，用于祭奠神灵，兼做祭奠祖先之用。

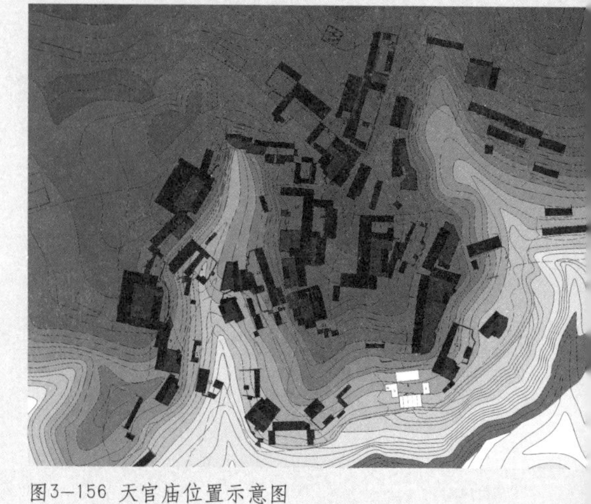

图3-156 天官庙位置示意图

图3-157 天官庙照片

天官庙位于凤尾，即大村与小村之间，凤身的南坡的最前端，临咸沟最近（图3-156、图3-157）。天官庙由北侧正房、东西厢房、南侧戏台和中间深院组成。庙南为一条环山的小路，路南便是高高的山崖悬臂。院中有石碑两块，其中同治五年（1866年）《重修庙宇碑记》对该庙宇的修建历史有着详细的记载：“盖闻镛钟铸于郊，庙古帝之功冠千秋，寺观立于中朝，先圣之共流百代，是知尊神祗典至钜也。余李家山栖神虽有庙宇，献戏实无亭台”。天官庙先有庙宇，并在咸丰五年（1855年）重修，同治五年（1866年）增建了戏台。

正房坐北朝南，三孔石窑，明柱厦檐，六根细木柱支撑，前廊宽约3米宽。檐下为石砌的高圪台，高约2米。台前有一部陡峭的台阶，共11级。院落深10米，宽15米（图3-158～图3-161）。

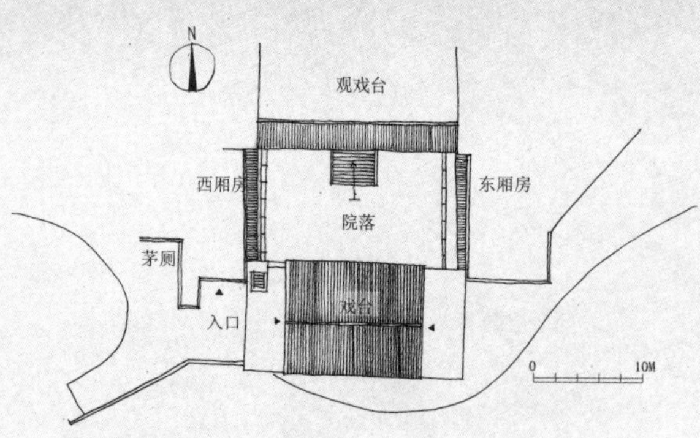

图3-158 天官庙总平面图

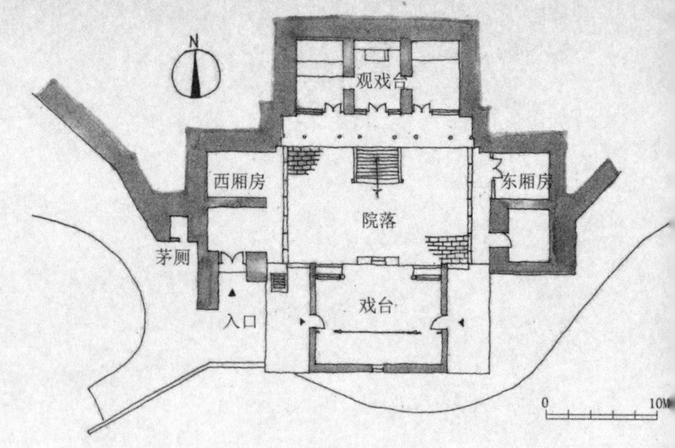

图3-159 天官庙首层平面图

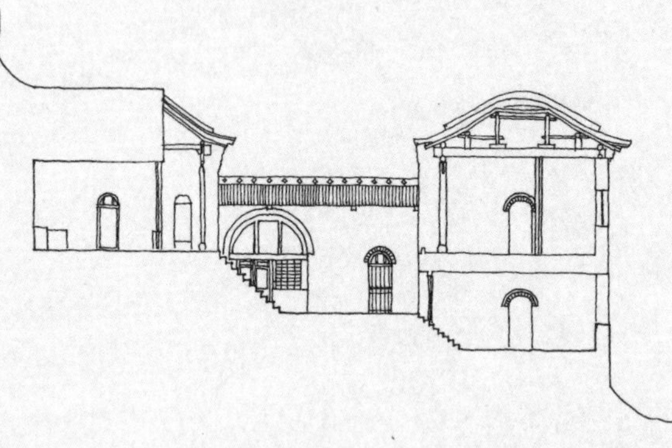
图3-160 天官庙剖面图

图3-161 天官庙鸟瞰图

正房中间的窑洞供奉天官塑像；东侧的窑洞供奉观音菩萨塑像；西侧的窑洞供奉关公坐像，关平、周仓立于两旁。东厢房为两孔砖窑，为无根厦檐，北侧一孔作为厨房，南侧一孔小门，宽约1米，内部是李氏家族的家祠，设有石供桌。西厢房也有两孔窑洞，一孔作为正门的入口前厅。院坪南侧为两层的戏台。下层台基为三孔窑洞，高约2米，南侧面临山沟。上层的戏台为硬山卷棚，面阔三间，其中明间约4米。戏台中间为隔扇，将进深三七分开。隔扇上方匾额正面书“鱼龙出听”四个大字（图3–162）。隔扇东西两侧各有上场门和下场门，其中东侧上场门上方书“挹雅”，下款“黔阳王福国题”。西侧下场门上方书“扬风”，左侧有上题款，惟字迹难辨。

旧时天官庙在每年正月初一和十五之间要唱三天的山西梆子，现在村中衰败，已经不再组织戏班子唱戏，但正月初一仍有村民来此敬香烧纸，祭拜神灵（图3–163～图3–166）。

图3-162 天官庙戏台室内

图3-163 从门厅看院落

图3-164 戏台正立面

图3-165 从戏台看正房

图3-166 天官庙院落

【第四章】

# 李家山古村的装饰艺术

ZHUANGSHI YISHU

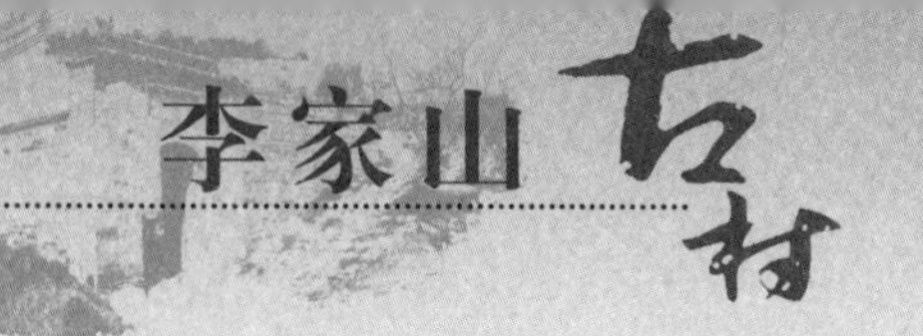


建筑装饰艺术是对建筑细部的刻画和设计，这些构件虽小，却能让建筑显得更加丰富和生动。如果说李家山古村的建筑形式难免相似，甚至有些雷同的话，那么其装饰则是每家每户都各有千秋，体现了主人地位、身份、品味、追求、喜好等。这些装饰往往有巧妙的构思和精致的工艺，点缀和美化这些宅院，也体现出宅院的独特与个性。装饰纹样上既有花草鸟兽，也有龙纹兽样，可谓精彩纷呈。

## 一、匾额装饰

匾额通常悬挂在大门或室内上方，位置明显，通常是标识建筑名称，或是表达宅院主人的身份、节操和志向等。“匾”又作“扁”。《说文解字》解释：“扁，署也，从户册。户册者，署门户之文也”。而“额”在《汉语字典》中的相关解释则为“店铺或厅堂正面和顶部挂的有字的板”。

李家山匾额的内容非常丰富。其中，有些是表示家庭职业的。如“诗礼传家”、“耕读传家”，不难看出过去曾是读书人的住宅。虽然李家山很多人是靠碛口的商业机会发家，但读书做官仍是当时大多数人的追求和向往。

“诗礼传家院”大门的匾额为木匾（图4–1），在阴刻的基础上再用笔墨书写一遍，颇有书香之气。《论语》曰：“不学《诗》，无以言。不学礼，无以立”。顾名思义，“诗礼传家”表明这里是读书人的家庭。“耕读传家院”大门的匾额为石匾（图4–2），与“诗礼传家”差在于一个“耕”字。清代张师编辑的《课子随笔抄·三·宗约》中论道：

图4–1 “诗礼传家院”大门匾额

图4-2 “耕读传家院”大门匾额

“耕读为上，商贾次之，工技又次之”。虽然当时的社会背景是农家子弟都希望通过读书做官来扬功立名，但仍不能完全摆脱耕田的生存之本，因此耕读在老百姓心中的地位还是非常高的。

有些匾额包含了祝福之愿，诸如祈求家庭吉祥安康等。木匾如“东财主院”大门的“堂构增荣”匾额（图4-3），石匾如“安之居”大门匾额（图4-4）、“宝善处”入口匾额（图4-5）、“三层院”下院入口的“发家致富”匾额（图4-6）。

图4-3 “东财主院”正门“堂构增荣”匾额

图4-4 “安之居”大门匾额

图4-5 “宝善处”入口匾额

图4-6 “三层院”下院“发家致富”匾额

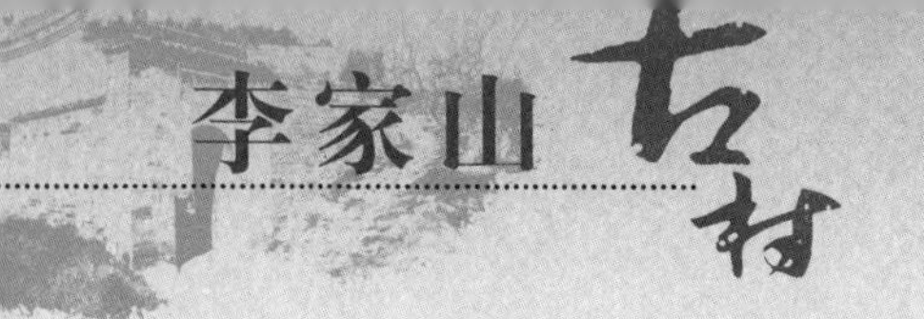




“东财主”院大门的“堂构增荣”匾额，“堂构”出自《书·大诰》：“若考作室，既底法，厥子乃弗肯堂，矧肯构”。[1]“堂”指房屋的正房，“构”指建构，这里就是指房屋。晋代文学家、书法家陆机在《叹逝赋》中写道：“悼堂构之颓瘁，慭城阙之丘荒”，就用到了“堂构”一词。“堂构增荣”这个词的意思是房屋为主人增添了荣耀，主人也借房屋的建成，寄愿将来的生活也更加顺利美满。“安之居”顾名思义，是希望自己的宅院成为平安祥和的居所。“宝善处”是希望宅院成为家人珍贵、美好的安居之地。“发家致富”则更加简单明了，可以推测宅院最初的主人是商人身份，希望自己的家庭发达、富足。

还有的匾额表达出了宅主的道德节操和生活志向。木匾如“桂兰轩”下院大门的“桂馥兰芳”匾额（图4-8），石匾如“桂兰轩”上院大门的匾额（图4-7）、“新窑院”大门的“钦旌节孝”匾额（图4-9）以及“惠迪吉”院大门的匾额（图4-10）。

“桂兰轩”上下两院入口均有匾额，上院石匾，阳刻出“桂兰轩”三个大字；下院则是一块木匾，上书“桂馥兰芳”。桂花的寓意是美好、高尚、吉祥的事物。《吕氏春秋》中赞叹道：“物之美者，招摇之桂。”常用“折桂”一词形容获取第一。兰花被喻为“花中君子”，《孔子家语》中，孔子形容兰花：“芝兰生于深谷，不以无人而不芳；君子修道立德。不为困穷而改节。”，同桂花一样也是高品质、美好、贤德的象征。“桂兰轩”和“桂馥兰芳”都是宅主追求如桂花、兰花般高洁品德生活志向的表达。

“钦旌节孝”牌匾多为有节操的妇女过世后，地方官员申报经上级审批后所立，以流芳百世。其中“旌”代表的就是烈妇节女。此匾为建房初期，李子寿家的一位妇人持家有道，尊长育幼，国家为赞扬她的贤德而赠赐的。“惠迪吉”匾额则出自《尚书·大禹谟》，其中曰：“惠迪吉，从逆凶”。这句话说的是顺道则吉、从逆则凶的道理，宅主借此匾表达了自己所追求的生活方式。

村内天官庙里的木匾（图4-11）施以彩绘，别具一格。匾额上书“鱼龙出听”四个大字，描以金粉，蓝彩做底，字体恢宏大气，赞扬了生动的戏剧表演，即指戏剧表演活灵活现，甚至引得鱼龙都出来观赏。

---

1 考：父亲；底(zhǐ)：致，定；厥(jué)：其，他的；矧(shěn)：况且，何况。这句话的意思是父亲要盖房子，已经确定了做法。但儿子却不肯筑堂基，盖房子。后也以“堂构”比喻继承祖先的遗业。

图4—7 “桂兰轩”上院大门匾额

图4—8 “桂兰轩”下院大门匾额

图4—9 “新窑院”大门“钦旌节孝”匾额

4—10 “惠迪吉”院大门匾额

图4-11 天官庙“鱼龙出听”匾额

## 二、户对装饰

户对是位于门楣上的构件，或为砖雕，或为木刻，装饰精美，常常用于体现宅院主人的身份地位。户对顾名思义是成双成对出现的，且大门上户对的数量是与官位的高低成正比的。户对多为柱状形态，这是古代在生殖中对男丁的重视，希望香火能代代相传。

李家山并不是所有的宅院都有户对，并且有户对的宅院其户对也比较简单，基本都是一对两个的木制户对。一些宅院如“桂兰轩”下院、“西财主院”等的户对比较普通，没有过多的雕刻。而也有的宅院户对比较精致，如“诗礼传家院”、“李福田院”、“桂兰轩”上院的户对都是菊花形态的户对（图4-12）。菊花不畏秋寒而开放，户对被雕刻成层层绽放的菊花，正是包含着孤标亮节、高雅傲霜的寓意。“东财主院”大门的户对则是一对莲花，莲花出淤泥而不染，表达了宅主对高洁正直品德的追求与向往（图4-13）。

图4-12 “李福田院”户对

图4-13 “东财主院”户对

## 三、门钹装饰

门钹也称门环，是由于形似古代乐器中的“钹”而得名，其置于门扇中间位置，左右对称，结合图案，有一定的装饰作用。门环挂在每扇门板的两个下衔环上，上衔环则用来插门闩。门闩一般是一条长铁棍，一端开孔，用于上锁。除了开关门外，门钹还有叩门的作用。门钹上的环下方对应的位置为金属底座，有的还会有一块凸起的小铜块，门环落下撞击会发出铿锵有力的声响，比起直接叩门更易被宅主听到。同时也避免了金属门环直接撞击木质门板而产生的破坏作用。

李家山金属材料的装饰很少，只见于一些黄铜制作的大门的门钹。形状有圆形、方形等，并以圆形最为普遍。

“宝善处”的门钹（图4–14）是一种典型形式，为简单的圆形底座的“U”形门钹。叩门时直接用“U”形的门环敲击圆形铜片底座发出声音。因为门钹较小，两个门环距离很近，现在很多宅院已经不用门闩，而是

图4–14 “宝善处”门钹

图4–15 “新窑院”门钹

图4-16 “东财主院”门钹

直接在两个门环之间落锁。“新窑院”也采用了这种形式的门钹（图4-15），但它在此基础上，于“U”形门钹下方又设置了一对门钹，底座半圆形，上部带有如意纹，没有插门闩的上衔环，下衔环连接完整的圆环，下方对应凸起的铜块，专门用来叩门。

相对于其他宅院，“东财主院”的门钹（图4-16）更加精致讲究。底座是方形镂空的如意纹，门环是较大的完整环形，下面对应月形的带有镂空图案的黄铜底座，中心对应门环落下的位置有凸起方块。

# 四、门墩石装饰

门墩石置于大门底部，用以支撑门框和门轴。李家山的门墩石通常为箱形，大部分没有图案纹饰，少数人家的门墩石上有精美的雕刻。

石上的图案多为植物和动物图样。植物如牡丹，寓意富贵祥瑞，以经商发家的“西财主院”大门就是牡丹图案的门墩石（图4—17）；或菊花，表现屋主高尚的道德情操，“新窑院”大门门墩石的正面就是用“菊花映竹”以表气节（图4—18）；或寿桃，寓意延年益寿，“三层院”中院大门用的就是“寿桃延年”门墩石（图4—19）；或莲花，表现屋主的清廉端正。

图4—17 “西财主院”大门“牡丹富贵”门墩石

动物图案多会配以植物出现，丰富构图。如“新窑院”大门的门墩石侧面（图4—20）用的是八边形画框，画框内刻一副鸳鸯戏水图，画框外四角用如意纹装饰，非常精细巧妙。再如A—4院大门的“鹿戏莲花”门墩石（图4—21），结合了“鹿”与“莲”。“鹿”被视为古代的瑞兽，有千年为苍鹿，又五百年为白鹿，复五百年化为玄鹿的说法。同时“鹿”与“禄”谐音，故寓“官禄”、“俸禄”及“禄位”等。

图4—18 “新窑院”大门 “菊花映竹”门墩石图

图4—19 “三层院”中院“寿桃延年”门墩石

图4—20 “新窑院”大门“鸳鸯戏水”门墩石

图4—21 A—4院“鹿戏莲花”门墩石

# 五、屋脊装饰

虽然李家山大部分民居建筑都是平顶的窑洞，但是在明柱厦檐的檐廊、砖木结构的瓦房、大门的屋顶上也能见到丰富的屋脊装饰文化。大部分房屋的正脊和垂脊上都有脊饰，纹样以花草为主。正脊两端有脊兽，可以对正脊两端的木构件进行施压而达到稳固的效果。少数大户人家除了正脊，在垂脊上也有脊兽，和正脊上的脊兽、正脊、垂脊构成了“五脊六兽”。

李家山的脊兽都是望兽（图4–22），粗看形态相似，脊兽身覆鳞甲，胡须从头下一直延伸到兽身，同时起到收边的作用。而仔细观察，会发现其各具特色，有的鬣毛呈火焰形态，有的鬣毛温顺平和，有的颈下连接卷草纹，有的是云纹、水波纹。面部形态也通过不同的雕刻表现，呈现了不同的效果。脊兽中有的张嘴，有的闭嘴。脊兽张嘴是表示这家做官的，允许开口说话；闭嘴则表示一般的乡绅、百姓，是不允许乱讲话的。

正脊和垂脊上的图案都是花草主题，单元重复排列而成，有的穿插卷草、水纹，有的在交接处做一半的花卉图案，连接起来是一个完整的图案，使整个屋脊显得连贯流畅而富有秩序感。以花草为题材的吉祥图案在中国古代装饰中很是常见，古人借用植物的特征，或一种植物，或多种组合，表达出吉祥的寓意或是自身追求的品德和节操，如牡丹代表富贵，梅兰竹菊“四君子”象征了高洁的品性，荷花则代表了清廉、洁身自好等等。

“三层院”下院的正脊图案为“牡丹映龙”，一朵层层怒放的牡丹花旁，伴有一条小龙，寓意是富贵吉祥（图4–23）；B–06院大门正脊上是“菊开傲世”纹样脊饰，盛开的菊花中间有草叶穿插相伴（图4–24）； B–17院正脊的“出水芙蓉”图案则巧妙地把相邻脊饰通过荷花背后的波浪纹连接起来，看上去就像一片水面上朵朵莲花跃水而出（图4–25）。

图4–23 “三层院”下院厢房正脊“牡丹映龙”纹样脊饰

图4-22 李家山屋顶望兽

图4-24 B-06院大门正脊“菊开傲世”纹样脊饰

图4-25 B-17院大门正脊“出水芙蓉”纹样脊饰

# 六、门窗装饰

图4-26 小村北侧一炷香窑洞门窗

门窗对于窑洞建筑来说并不只是起到了出入、采光和通风的功能，同时，它也是窑洞的门面，起着非常重要的审美和装饰作用。窑洞建筑与纯木构建筑差异较大，正立面没有连续的木门窗，而是在砖石门面的基础上，在洞口进行木门窗装饰。

李家山的窑洞，大到财主家的明柱厦檐，小到“一炷香”窑洞，无一不注重门窗的装饰性，只是装饰的繁简程度不同（图4-26、图4-27）。窑洞因其内部掌炕和斜炕的不同，其门窗组合也发生变化。掌炕对应的是门开在中央的形式（图4-28、图4-30），斜炕对应的是门开在一侧的形式（图4-29、图4-31）。

图4-27 “西财主院”瓦房门窗

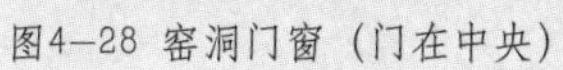

图4-28 窑洞门窗（门在中央）

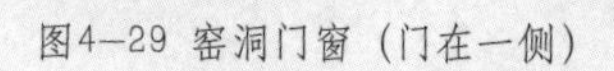

图4-29 窑洞门窗（门在一侧）

图4—30 “三层院”正房窑洞门窗

窑洞的洞口上窄下宽，呈半椭圆的形态，因此不能用一扇正正方方的门窗，而是通过几部分的拼合来完成一个整体。下部比较方正的位置由一扇门、一扇或两扇槛窗组成，上部的半圆由中间一个大方窗、左右各一个小方窗以及四个扇形的小窗组成。门一般会在门扇外挂一席门帘，夏天将门开敞，通过门帘隔绝室内外，可以更好地通风。窗口都用白纸糊底以达到遮风避雨的效果。有些窑洞为了增加采光，后期又在下部门旁边的槅窗底部用一小块玻璃替代白纸。窗扇基本是无法开启的，只有上部中间的方槅窗后面有可开启的窗扇，用以通风和调节不同时间对光线的不同需求。

图4—31 “诗礼传家院”一层窑洞正房门窗

门扇的装饰比较简单（图4—32），窗扇则更为精美巧妙（图4—33、图4—34）。一个窑洞口上的窗花纹并不统一，而是由多种图案进行不同组合，每种图案也并不是复杂的雕刻，而是通过简单的元素进行重复变异，整体看上去就显得变化多样而又不失韵律感。

洞口上部槅窗的大、小方窗的花纹一般不同，小窗则左右对称，花纹一致，而四个小扇形槅窗一般就是简单的“方格锦”。大窗的花纹多为锦式，如“步步锦”、“盘长锦”等。小窗的花纹以“古钱套锦”、“方胜”、“龟背纹”居多。洞口下部的槛窗装饰比较简单，花纹通常是“方格锦”、“一马三箭”或“步步锦”。

除了窑洞，李家山也有少量的砖木结构建筑，一些有财力的人家，如东、西财主家的厢房二层和倒座，木窗都比较精美。西财主家的厢房二层面阔五间，中间设门，门扇上部有三扇龟背花纹的小方槅窗，其他四间窗扇以一间为单元重复。每个单元被过梁分为上下两部分，上部分同门扇上一样，是三扇龟背花纹的小方槅窗；下部中间是一扇方形的“灯笼框”式样，两侧为“一马三箭”式长条形槅窗。

窗的花纹不同，寓意也不同。如“步步锦”花纹，有“步步高升”的寓意，所以一般是大户人家用于装饰厅堂。“龟背纹”又名“灵锁纹”，所谓“千年仙鹤万年龟”，

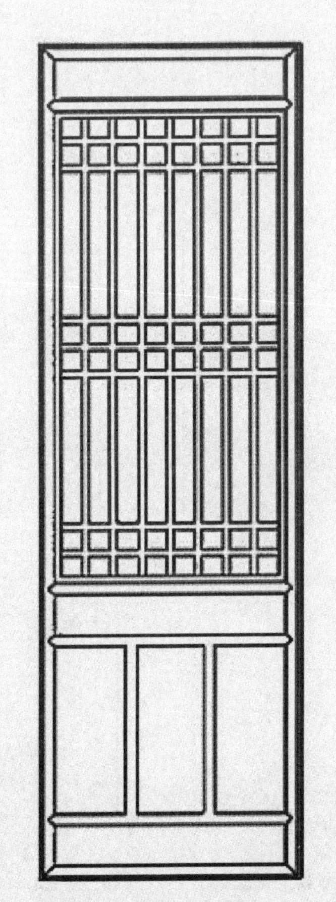

图4-32 典型门扇大样(左：“西财主院”正房；中：B-24院倒座；右：“麒麟院”正房)

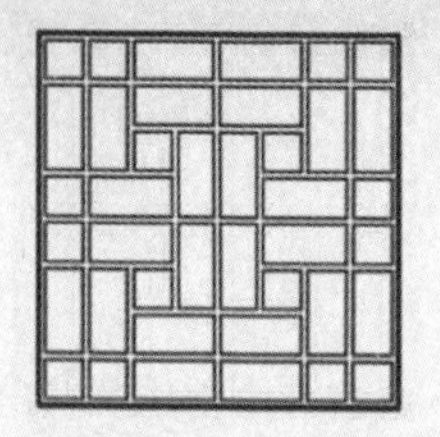
西财主院步步锦

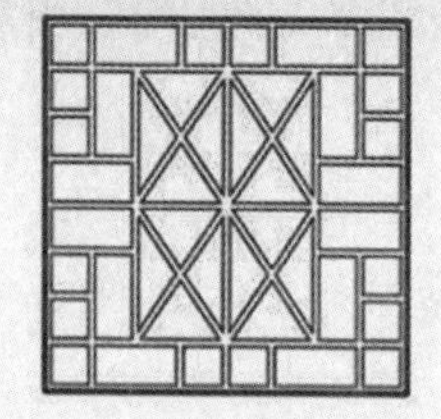
B—18院步步锦

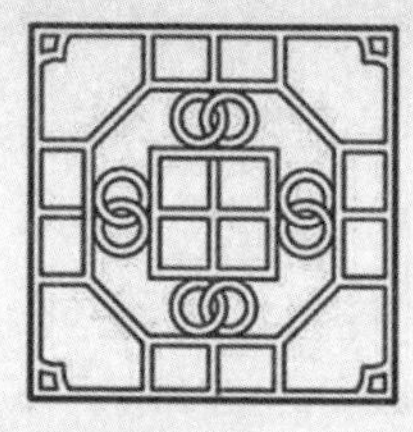
新窑院龟背纹

桂兰轩龟背纹

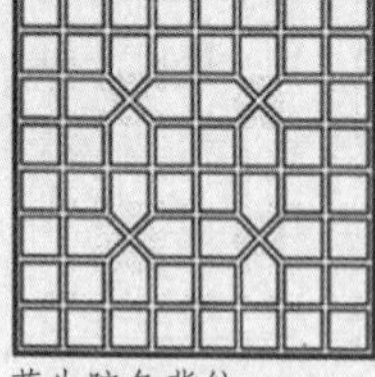
董生院龟背纹

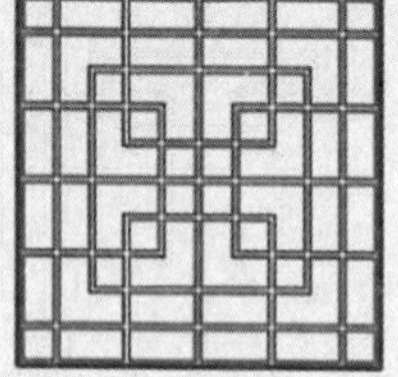
诗礼传家院方胜纹

东财主院灯笼锦

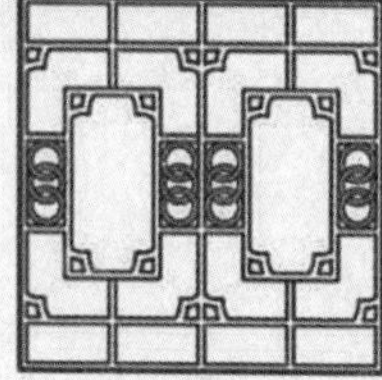
西财主院灯笼锦

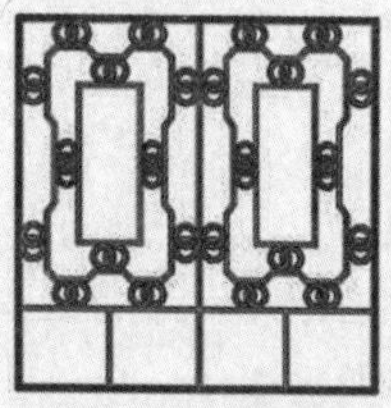
李福田院灯笼锦

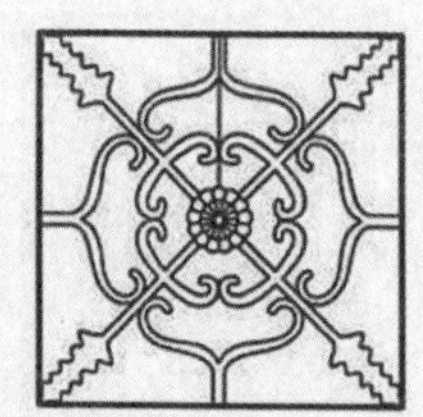
新窑院花锦纹

李福田院花瓣纹

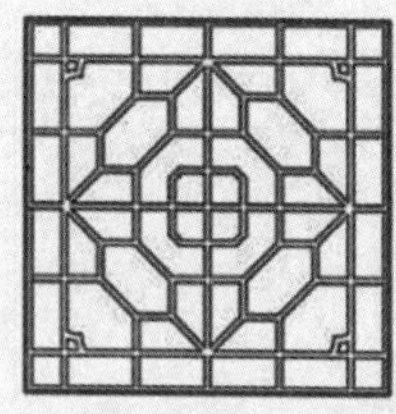
桂兰轩花锦纹

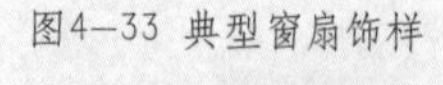
图4—33 典型窗扇饰样

龟背纹

花瓣纹

花锦纹

方格花锦纹

铜钱纹

步步锦

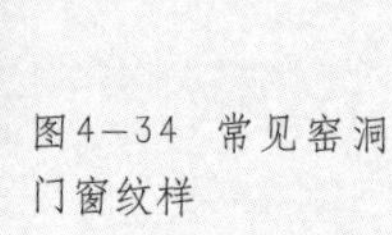
图4—34 常见窑洞门窗纹样

这种花纹自然是祝福家人健康长寿的，因此多用在长辈的房间。“古钱套锦”是由多枚古钱连接而成，古钱和元宝都有吉祥富贵的寓意，所以这种花纹就包含了祈愿发家致富和驱灾辟邪的愿望。

“方胜”同“古钱”都是“民间八宝”之一，“胜”在古代是指妇女的头饰，据说妇女戴胜有得福纳祥的寓意，“方胜”纹样的寓意也正源于此，意指家庭美满，夫妻和睦。同时，若方胜是相扣的组合，就有“心心相印”的隐含意义；若与盘长锦组合，则是指“永结同心”。

图4-35 “东财主院”大门西侧墀头

## 七、墀头装饰

墀头指的是山墙靠近屋檐突出的部分，一般对称而建，作用是对檐口进行承托和保护。墀头外露的部分可以雕琢出巧夺天工的立体装饰图案。

李家山民居的很多大门和砖木结构都有精美的砖雕墀头，尤以“东财主院”正门的墀头最为精美（图4-35）。屋檐下是一方形画框，下接弧面过渡。再下侧就是其最精华部分：三面外露，分为上、中、下三部分，上部模仿屋檐，有脊兽，下面略微出檐，挑檐雕刻成莲花底座的样子，下接凤纹；中间是一个方形三面纹，三面图案不同；下部以须弥座收底，座上雕有花草，座下山墙上仍有雕刻，构图呈倒三角形，中间一万字鼎，寓意福寿连绵，两边花草，并以回字纹收边。回字纹被称作“富贵不断头”，寓意吉祥美满。

中间方形三面纹是整个墀头的点睛之笔（图4-36～图4-38）。砖墩三面图案不同，正面圆形画框里是一幅“麒麟送子”图，画中一孩童身骑麒麟，麒麟脚踏祥云。麒麟是传说中的瑞兽，与龙、凤、龟合称“四灵兽”，生性善良，又被称作“仁兽”，有吉祥、福

大门西侧墀头正面
“麒麟送子”

大门西侧墀头外侧
“连年有余”

大门东侧墀头内侧
“树下老翁”

大门西侧墀头内侧
“童子坐牛”

图4—36 “东财主院”大门外侧墀头方形三面纹

瑞、太平的寓意。麒麟送子则是古代民间常见的求子吉祥图。左右两个墀头的外侧图案相同，均为“连年有余”，以鱼作主体，戏莲花于水上，借“鱼”与“余”、“莲”与“连”取谐音，寓意年年有余，生活富裕圆满。内侧图案则左右相异，均在方形画框内，西侧图案是一个老翁憩于柳树下，东侧图案则是树下一个孩童倒骑牛，牛低头吃草。

除“东财主院”的墀头比较特殊外，李家山村其他的墀头结构基本相似，即仅正立面有雕刻，最上部是一方形画框，雕饰多样（图4—39）。中间弧形的部分雕饰简单，有的刻一朵菊花，有的刻一匹奔腾的骏马，最下部雕刻须弥座，配以花草和祥云等浮雕。与多用“龙”图案的雀替不同，墀头上的图案多以花草为主，配以云纹、水浪纹等图案，有富贵吉祥、福如东海的寓意。

例如，“西财主院”北厢房二层的墀头最上部刻一朵象征长寿的菊花，中间也是一朵菊花，墀头下多出一画框刻有佛手，画框上方有牡丹、回字纹装饰，下部有向日葵装饰。“桂兰轩”入口上的墀头上端是一幅小儿坐莲花，取意“连生贵子”，企盼儿孙满堂，后代能光宗耀祖，墀头下面是莲花和祥云装饰。

图4—37 “东财主院”大门西侧墀头方形三面纹正面图案——“麒麟送子”

图4–38 “东财主院”大门西侧墀头方形三面纹内侧图案—“童子坐牛”

“西财主院”北厢房二层墀头

“桂兰轩”大门外侧墀头

“新窑院”大门外侧墀头

“东财主院”大门内侧墀头

天官庙戏台墀头

“诗礼传家院”大门外侧墀头

图4—39 李家山部分墀头图片

# 八、神龛装饰

李家山几乎家家都有神龛，多用砖瓦雕刻而成，主要供奉天神、地神和马神，如今基本已经不供奉神佛，只留下神龛了。马神龛只是少数有牲口棚的人家有，建立在牲口棚正面一侧的墙壁上，企盼马神保护家里的牲畜。天、地神则供奉在正房或厢房的墙壁上，天神位置较高，地神则靠近地面。过去人们春、秋两季会对天、地神烧香供奉，春季祈求保佑风调雨顺，庄稼有好的收成，秋季则是感谢上天和大地的恩赐。

大部分人家的神龛比较简单，少数人家的神龛装饰精美。如C14院的天神龛（图4-40），脊兽、龛脊、龛檐、斗栱、梁头、檐柱雀替、柱础、底座都非常精美巧妙，且配有细致的雕刻。龛脊上的脊饰雕有莲花，两头各一只张嘴吐舌的脊兽。屋檐下有三攒斗栱，两两之间插一朵梅花。斗栱下的梁头上有卷草纹图案，雀替上雕有牡丹花，花朵着红色。底座中间有一突出的倒三角装饰，上有花草雕刻。

图4-40 C-14院天神龛

图4-41 B-24院天神龛

图4-42 宝善处地神龛

图4-43 “新窑院”马神龛

# 九、梁柱装饰

## 1.斗栱及穿插枋

斗栱是中国传统建筑中特有的一种构件，设立在立柱顶和横梁交接处，多为木材料，利用榫卯的方式结合，属于一种节点承重结构，可以使屋檐有较大尺度的出挑。

李家山斗栱多见于入口门楼，如“诗礼传家院”（图4–44）、“新窑院”（图4–45）、“东财主院”（图4–46）的大门都有非常精美的斗栱。三者大门结构相同，檐下左右各有一根立柱，半插于墙壁中，柱上承额枋，斗栱架梁，座于额枋上，中间一个完整斗栱，两侧各一半没入墙中。梁上再架檩，檩条和斗栱下的额枋之间用精美的木雕填充，如“诗礼传家院”为一卷卷绸带相连的书册，由细节上就表现出书香之气；再如“新窑院”的花草纹样，与斗栱两头上同样精细的花草图案相呼应。“诗礼传家院”的斗栱本身相对简单，耍头为云纹图案，与无根厦檐的耍头类似。“新窑院”的斗栱耍头雕刻一个龙头，梁头上的花草纹样饰于龙头两侧，瓜栱的形态也更为自由，与周围装饰的花草雕刻相得益彰。“东财主院”的斗栱耍头也是龙头雕刻，瓜栱上方的升上还嵌有祥云图案。

图4–44 “诗礼传家院”大门斗栱

图4–45 “新窑院”大门斗栱

图4–46 “东财主院”大门斗栱

由于斗栱制作较为复杂，成本也更高，因此在李家山并不多见，大部分的梁柱结构建筑采用的是穿插枋的做法。穿插枋适用于没有用斗栱承载出檐的抱头梁，用来连接金柱（檐廊内侧柱）和檐柱（檐廊外侧柱），与斗栱的作用相同，即承接出檐。李家山明柱厦檐窑洞都是用这种构件承接厦檐的，如“东、西财主院”（图4—47）、“新窑院”、“桂兰轩”（图4—48）等；另外部分大门也采用了这种结构，如“惠迪吉”院大门。

图4—47 “西财主院”正房明柱厦檐穿插枋

图4—48 “桂兰轩”正房明柱厦檐穿插枋

穿插枋的结构组成为明柱柱头上挑出一段祥云纹枋头，柱上承檩，下施随檩枋，随檩枋下是一组异形栱，靠近柱的位置施半栱，起到了雀替的作用，中间是一整栱，起到了柁墩的作用。栱下施一道额枋，额枋下用雕饰精美的雀替。雀替也称“插角”或“托木”，它连接了梁枋和柱，减少了梁枋的跨度以及与柱子交接处的剪力作用，使受力更加合理。

## 2.檐下雕刻

李家山村最精美的檐廊木雕出现在“东、西财主院”、“新窑院”、“桂兰轩”等几家明柱厦檐窑洞前的檐廊下，以及“东财主院”、“新窑院”、“惠迪吉”等几家门楼上。檐下的斗栱异形、额枋、雀替上的雕刻大多颇为精美，丰富了房屋立面（图4—49～图4—55）。

在这些细部中，以雀替的雕刻最为丰富多样，虽然内容基本都围绕“龙”的主题，但仔细观察，这些龙的姿势、形态、表情都不尽相同，有的张嘴吟啸，有的闭目养神，有的驾跃云上，有的游于草间，既有如“新窑院”檐廊下在花草间只露出龙首、温雅和谐的龙

图4—49 “新窑院”大门檐下细部（内侧）

图4—50 “新窑院”正房檐下细部

图4—51 “惠迪吉”大门檐下细部

图4—52 “东财主院”大门檐下细部

图4—53 “桂兰轩”正房檐下细部

图4—54 “董生院”正房檐下细部

图4—55 “西财主院”北厢房檐下细部

纹图样，也有“东财主”院大门檐下整条龙游走其上、简洁而霸气的龙纹图样，从细节上展现了不同建筑的个性。除了龙，也有一些雀替是花草主题，或者独立，或者与刻龙雀替相结合，颇有自然、和谐之美。

天官庙的外廊檐下不是普通的雀替，而是将整个枋连接起来，并在立柱上进行延伸的挂落。在起到雀替的作用的同时，显得更加华贵精美。同时，天官庙的梁柱装饰都有彩绘装饰，只不过随着时间的推移，颜色已经逐渐脱落了。

## 3.耍头

耍头主要出现在无根厦檐窑洞中，是代替明柱厦檐的梁柱结构，用以承接上面挑檐的构件。耍头头部留有一半圆形凹槽，用以承托檩条，檐檩上架椽子，上铺望板，盖瓦片。虽然无根厦檐不及明柱厦檐那样的气势恢宏，但按序列排布，齐整统一的耍头也让窑洞的屋檐显得富有韵律感。

李家山的耍头多以祥云纹样作端头，寓意生活祥和美好，形式也多种多样。“西财主院”的耍头比较简单，上下各一个卷纹（图4—56）；C14院的耍头分为上下两节，上节长下节短，雕刻得更为精致（图4—57）；D6院的耍头在阴刻部分有竖条纹理，使祥云看上去像一只只海螺（图4—58）；B15院正房的耍头非常有趣，虽然形状相似，但仔细看来几乎每一个的刻纹都不同（图4—59），其厢房的耍头也很有特色，没有檩条，耍头非常短小，下部还有倒刺一样的雕刻。当然，也有一些院子的耍头相对简单，如E14院的耍头（图4—60），整体为矩形，端头没有图案或雕刻，但尾部有图案，却也因为年代久远已经看不清楚了。

图4—56 “西财主院”祥云纹耍头

图4-57 C14院祥云纹耍头

图4-59 B15院正房多种耍头

图4-58 D6院祥云纹耍头

图4-60 E14院方形耍头

# 附　录

## 附录1　院落名称或序号图示

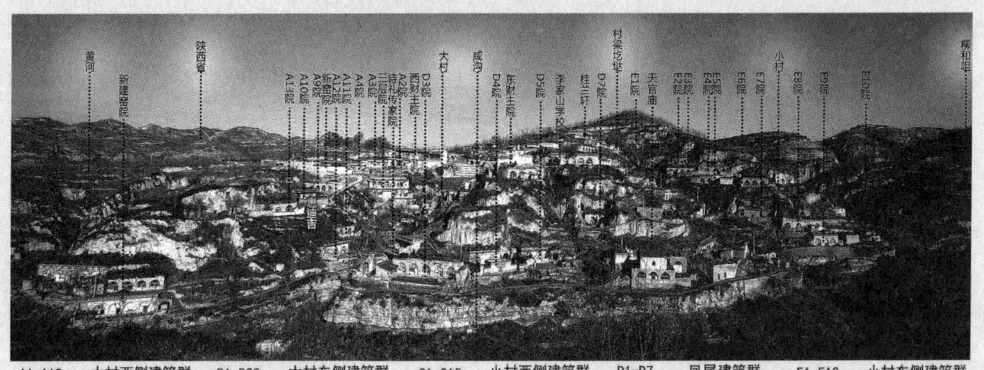


A1-A12　大村西侧建筑群　B1-B28　大村东侧建筑群　C1-C15　小村西侧建筑群　D1-D7　凤尾建筑群　E1-E10　小村东侧建筑群

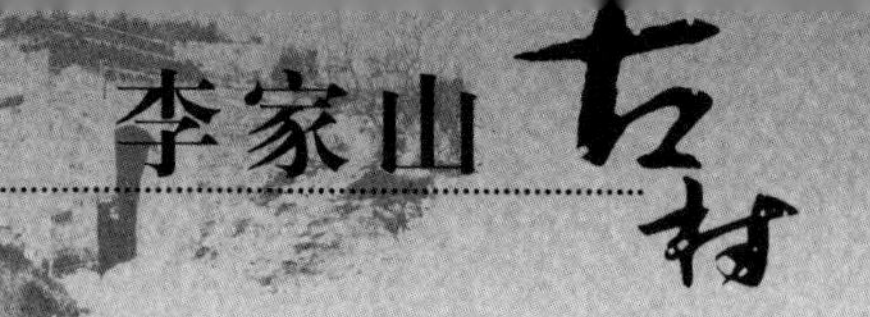



## 附录2 历史建筑测绘图选录[1]

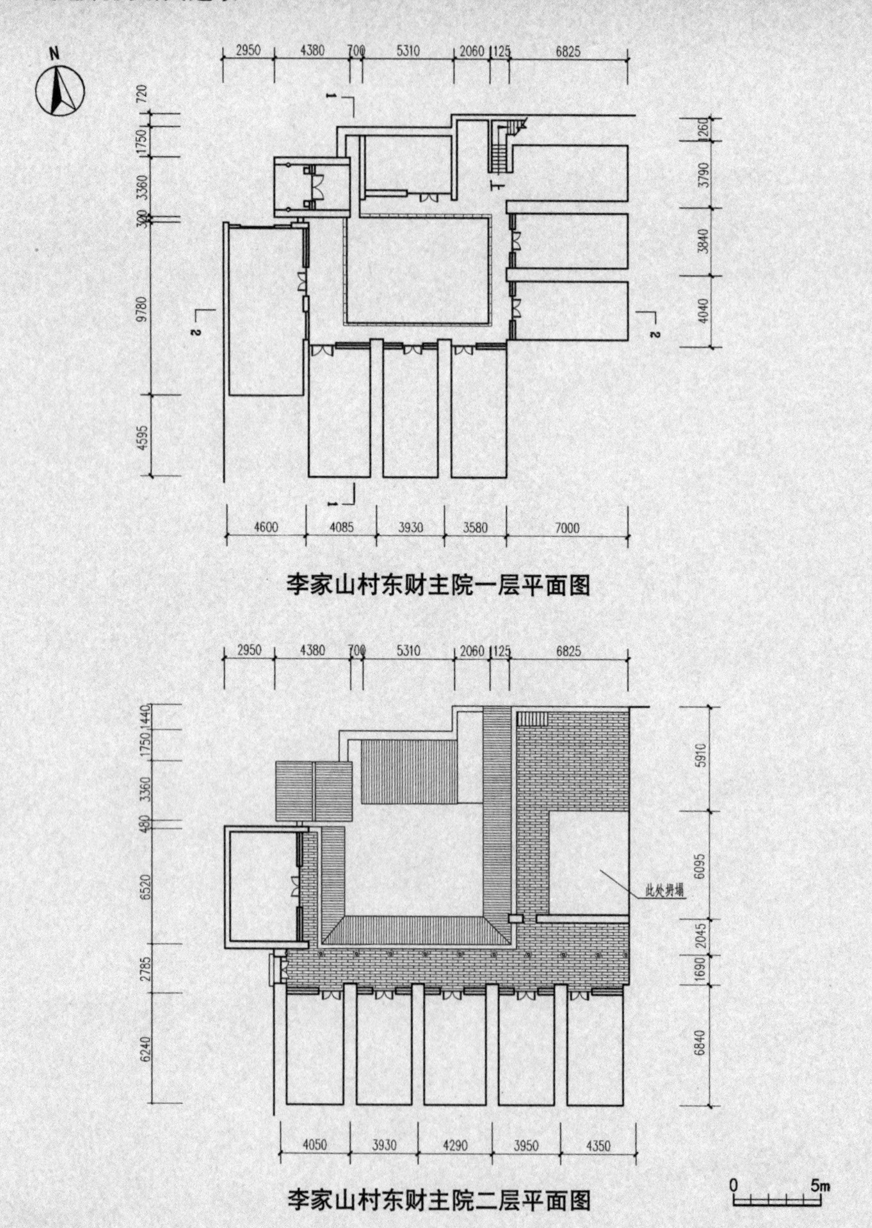


李家山村东财主院一层平面图

李家山村东财主院二层平面图

1 本测绘图为山西省住房和城乡建设厅主持的世界银行“中国经济改革技术援助项目（TCC5）”子项目《山西古村镇保护利用与减贫方略研究》中“测绘和导则”部分的成果，承担单位是北京交通大学、东南大学、西安建筑科技大学和太原理工大学。李家山村的测绘图由西安建筑科技大学完成。

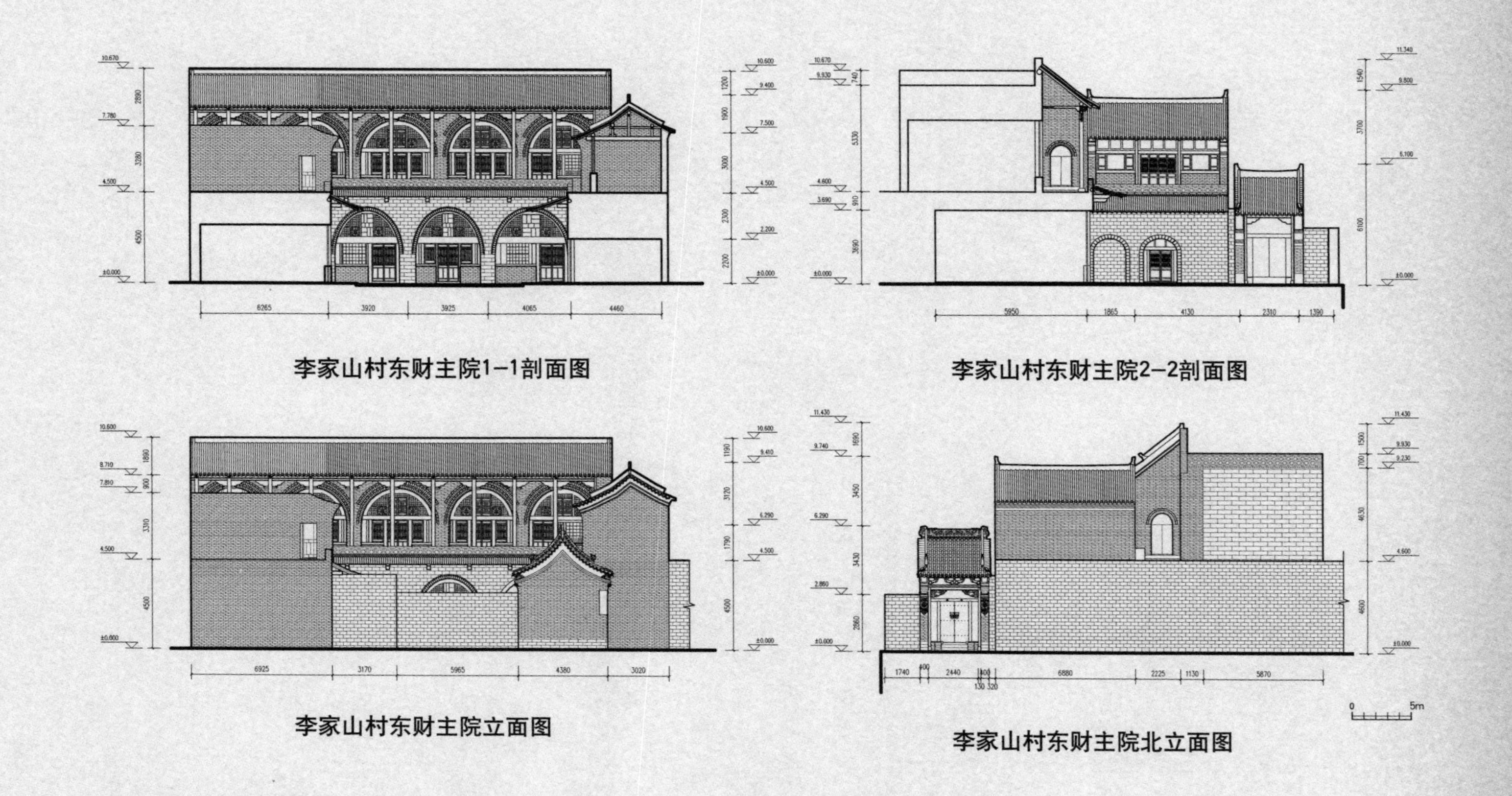

李家山村东财主院1-1剖面图

李家山村东财主院2-2剖面图

李家山村东财主院立面图

李家山村东财主院北立面图

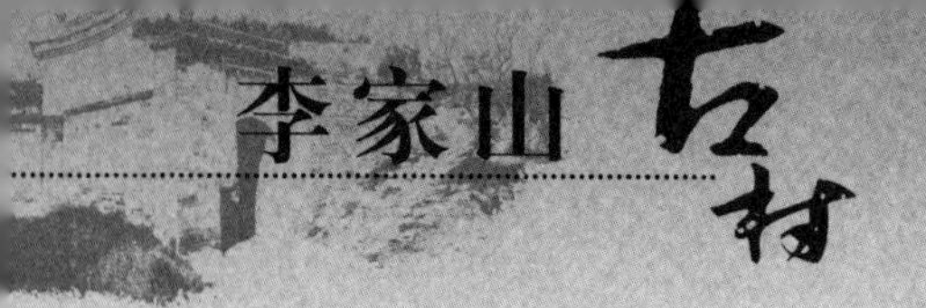

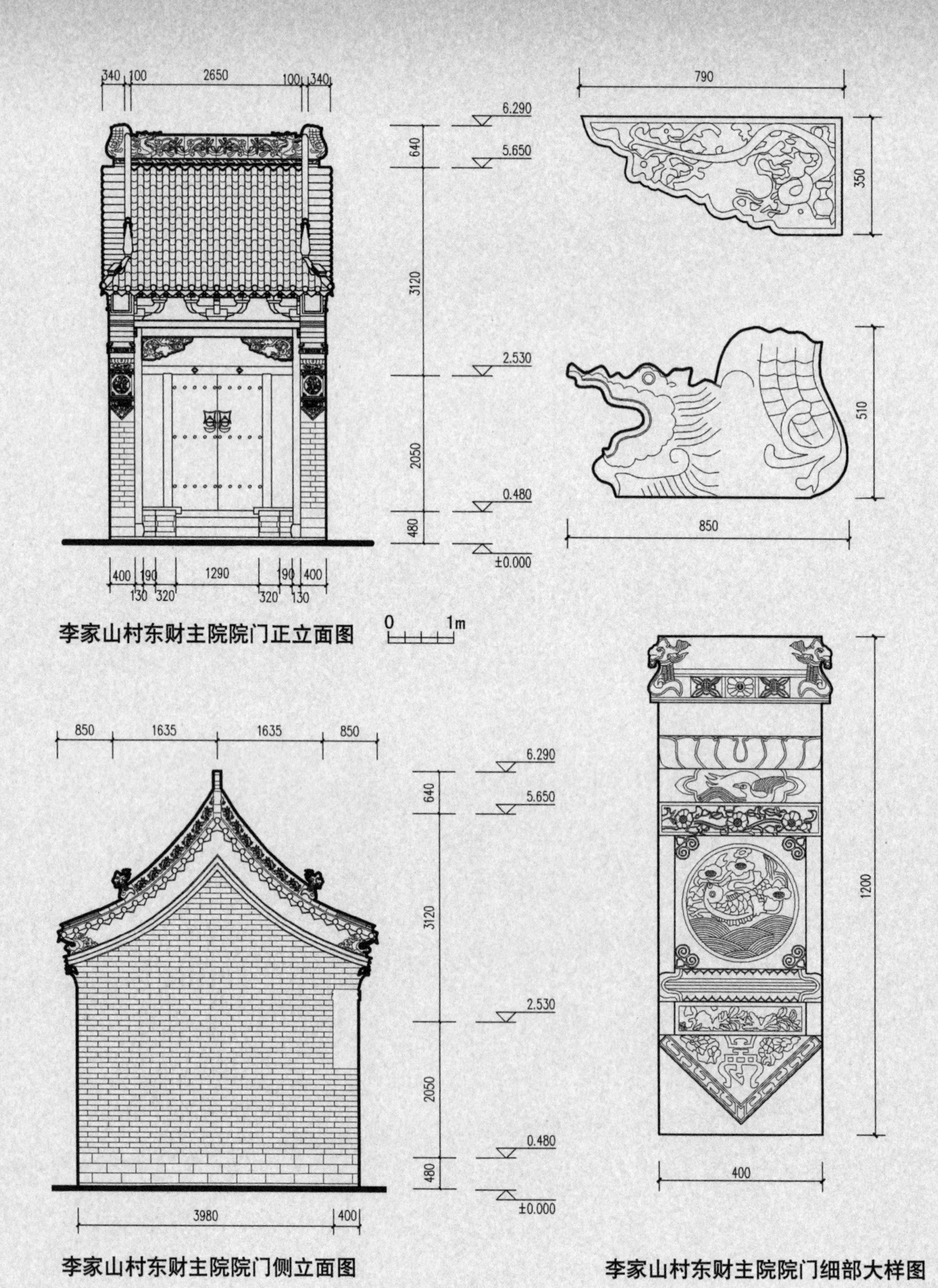


李家山村东财主院院门正立面图

李家山村东财主院院门侧立面图

李家山村东财主院院门细部大样图

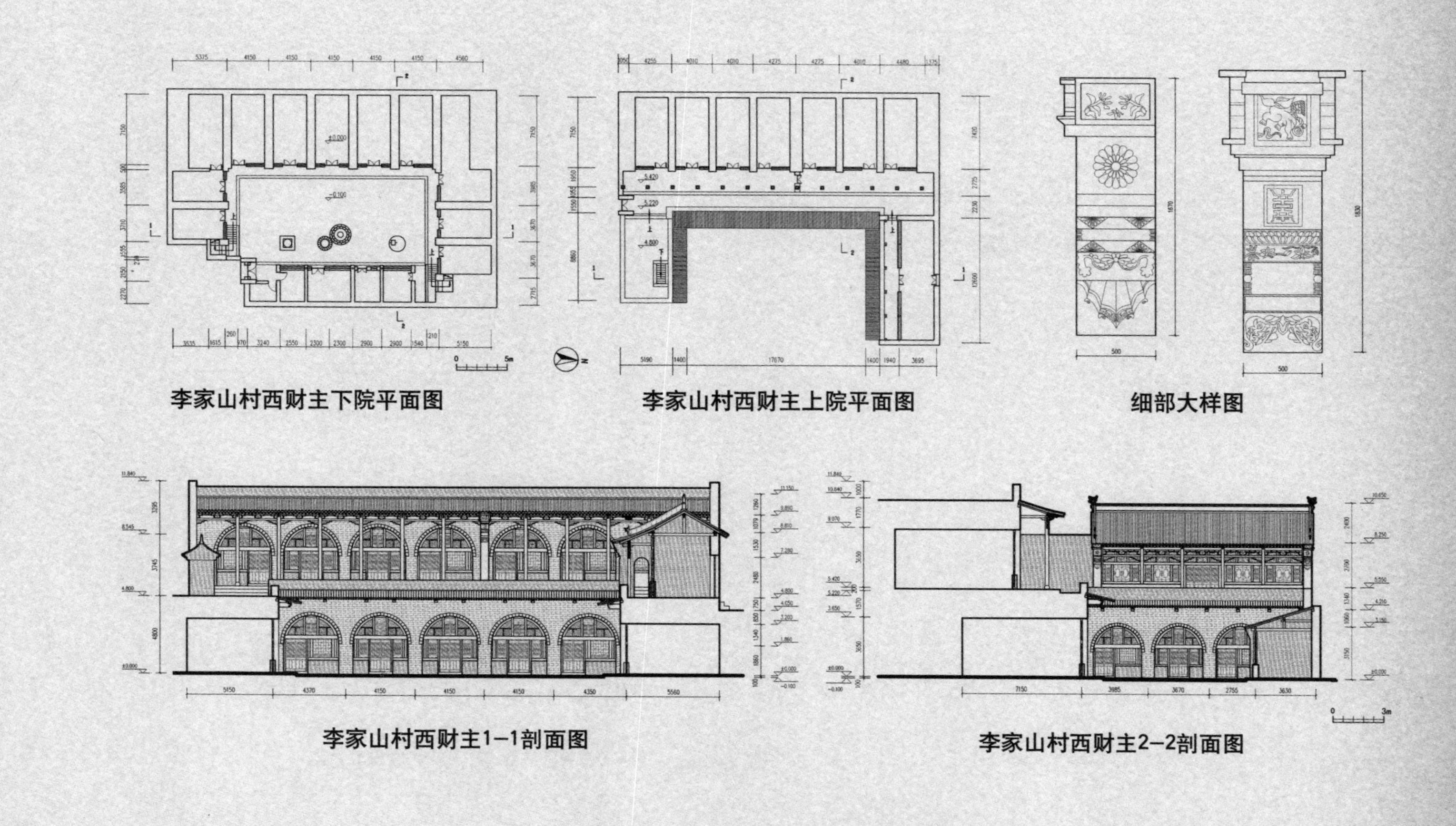

李家山村西财主下院平面图

李家山村西财主上院平面图

细部大样图

李家山村西财主1-1剖面图

李家山村西财主2-2剖面图

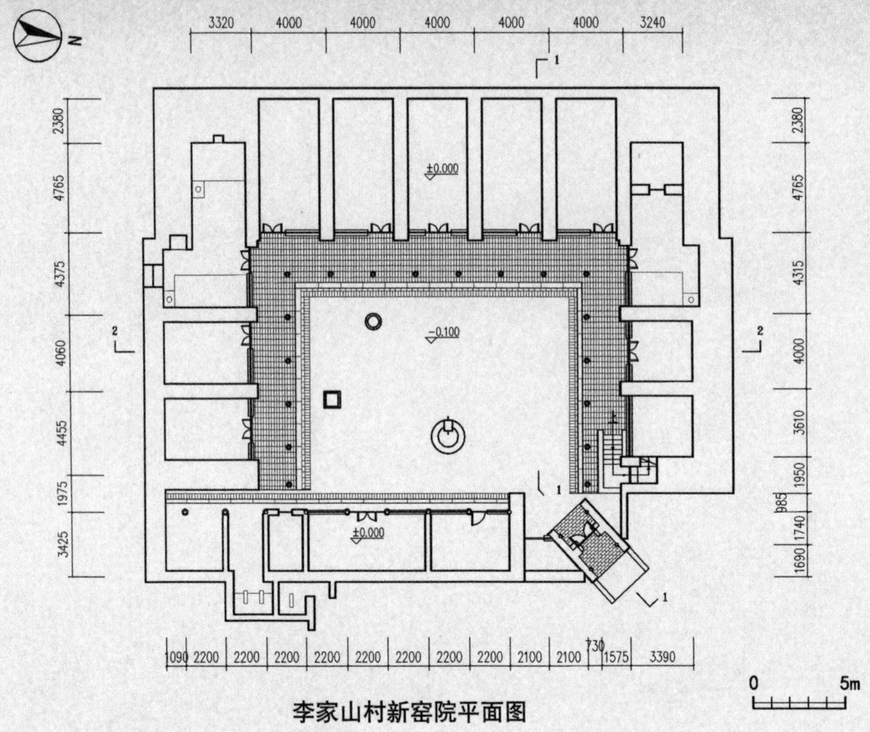


李家山村新窑院平面图

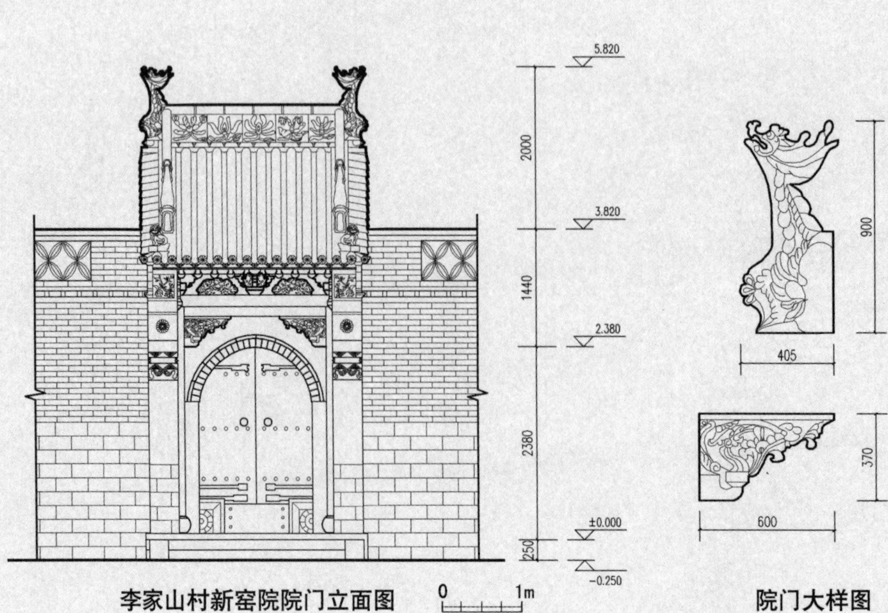


李家山村新窑院院门立面图

院门大样图

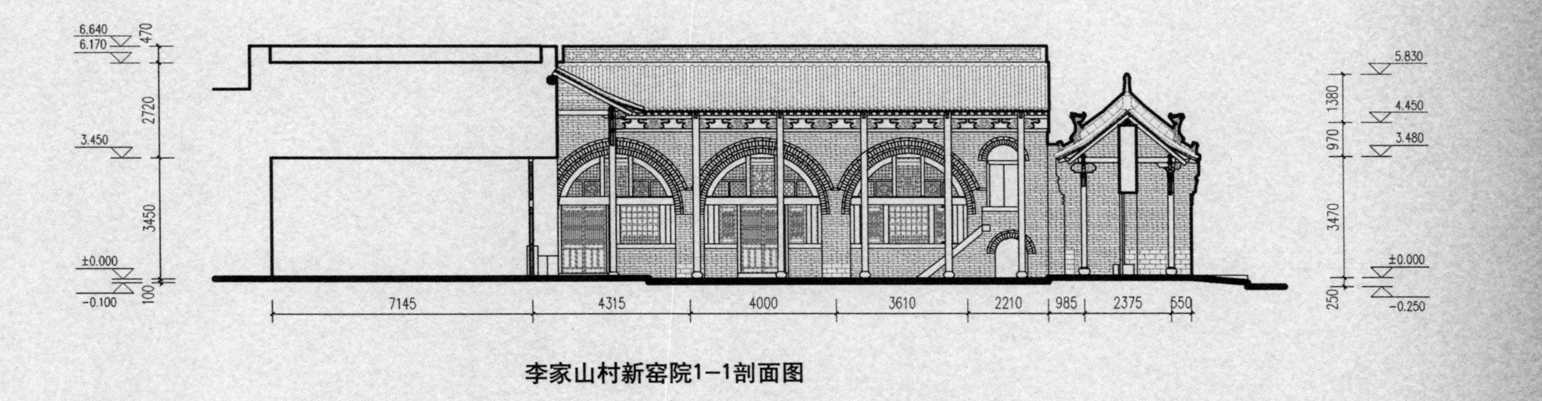


李家山村新窑院1-1剖面图

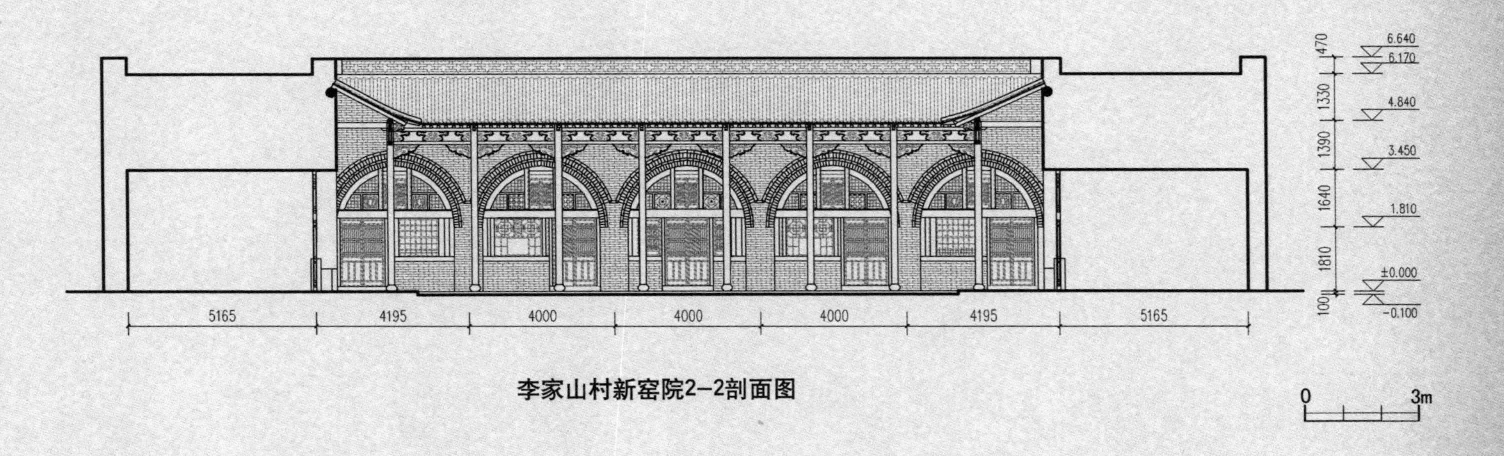


李家山村新窑院2-2剖面图

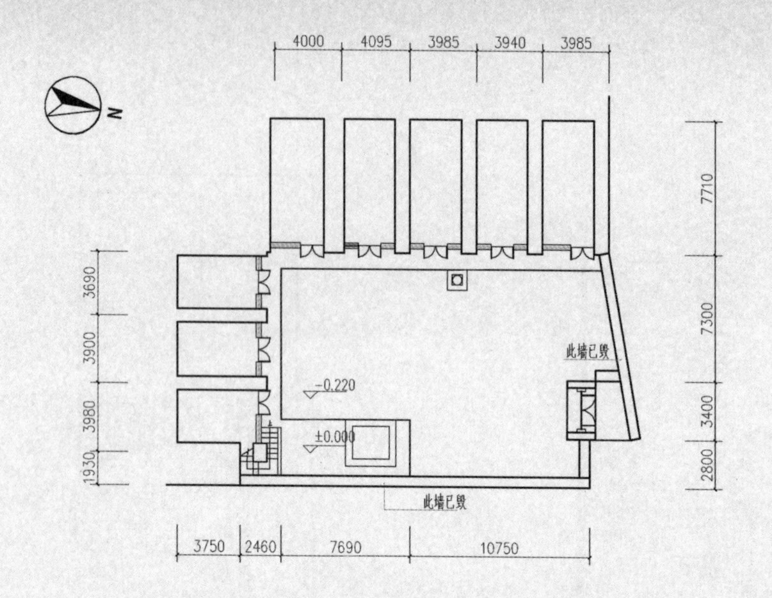


李家山村董生院下院平面图

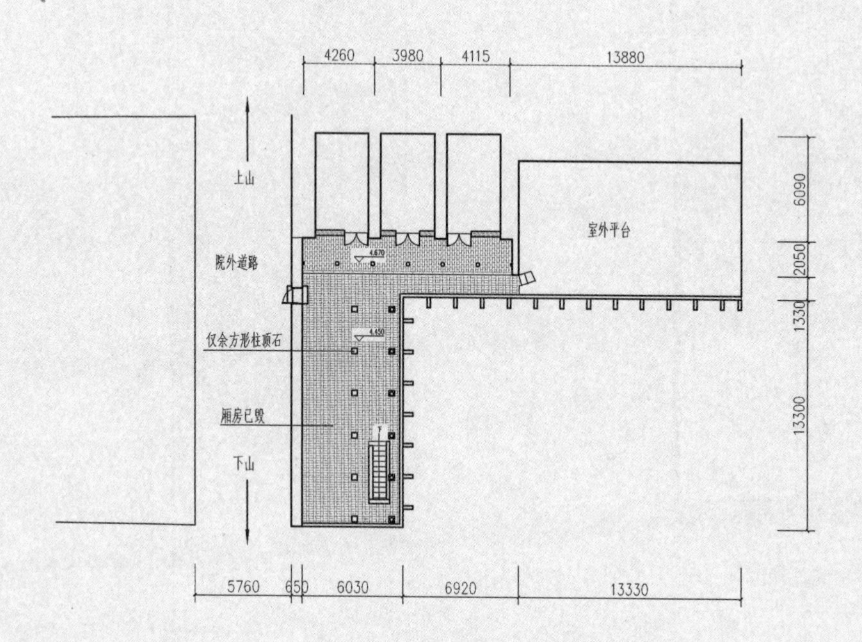


李家山村董生院上院平面图

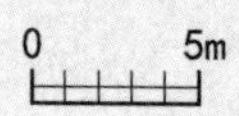

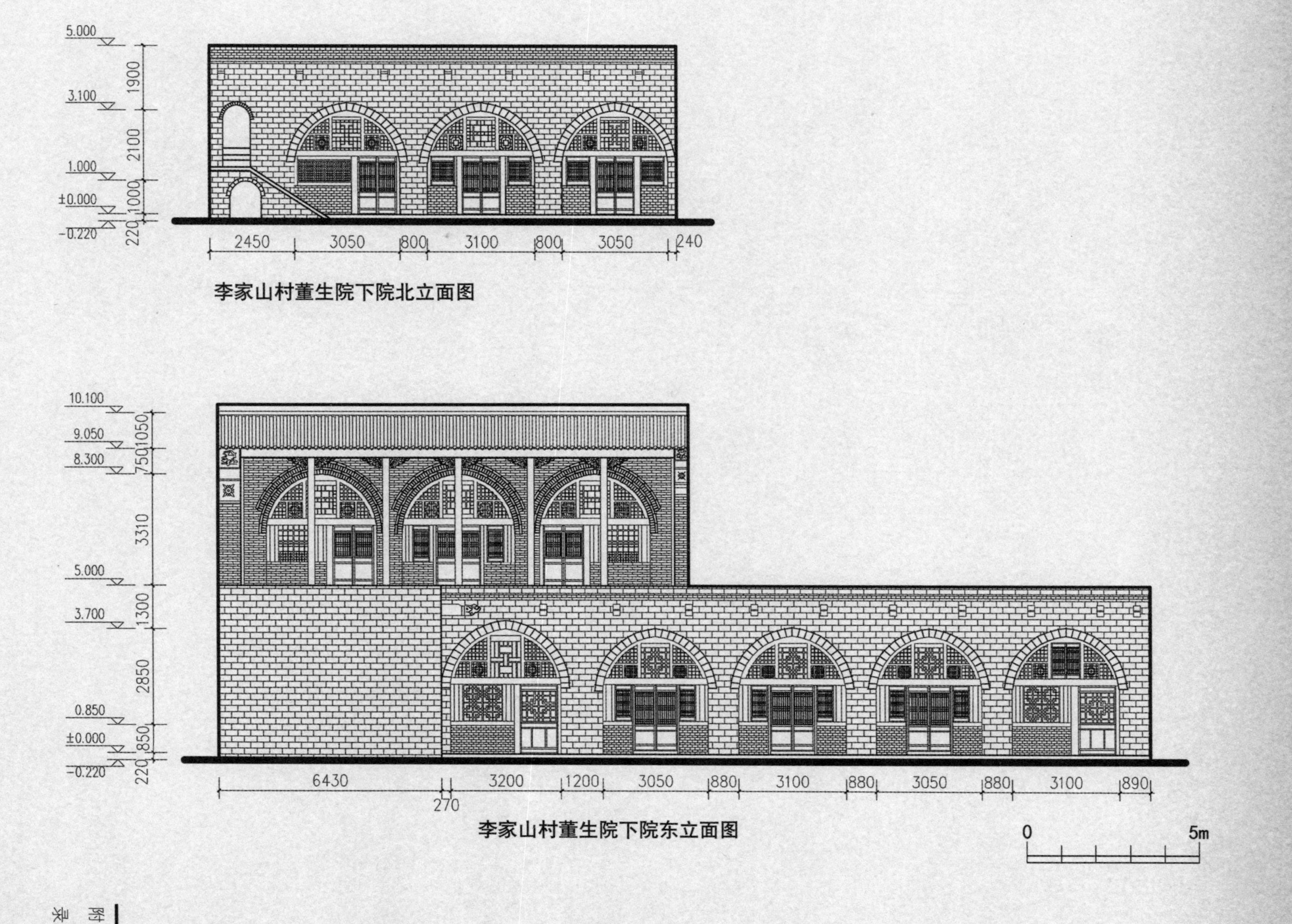


李家山村董生院下院北立面图

李家山村董生院下院东立面图

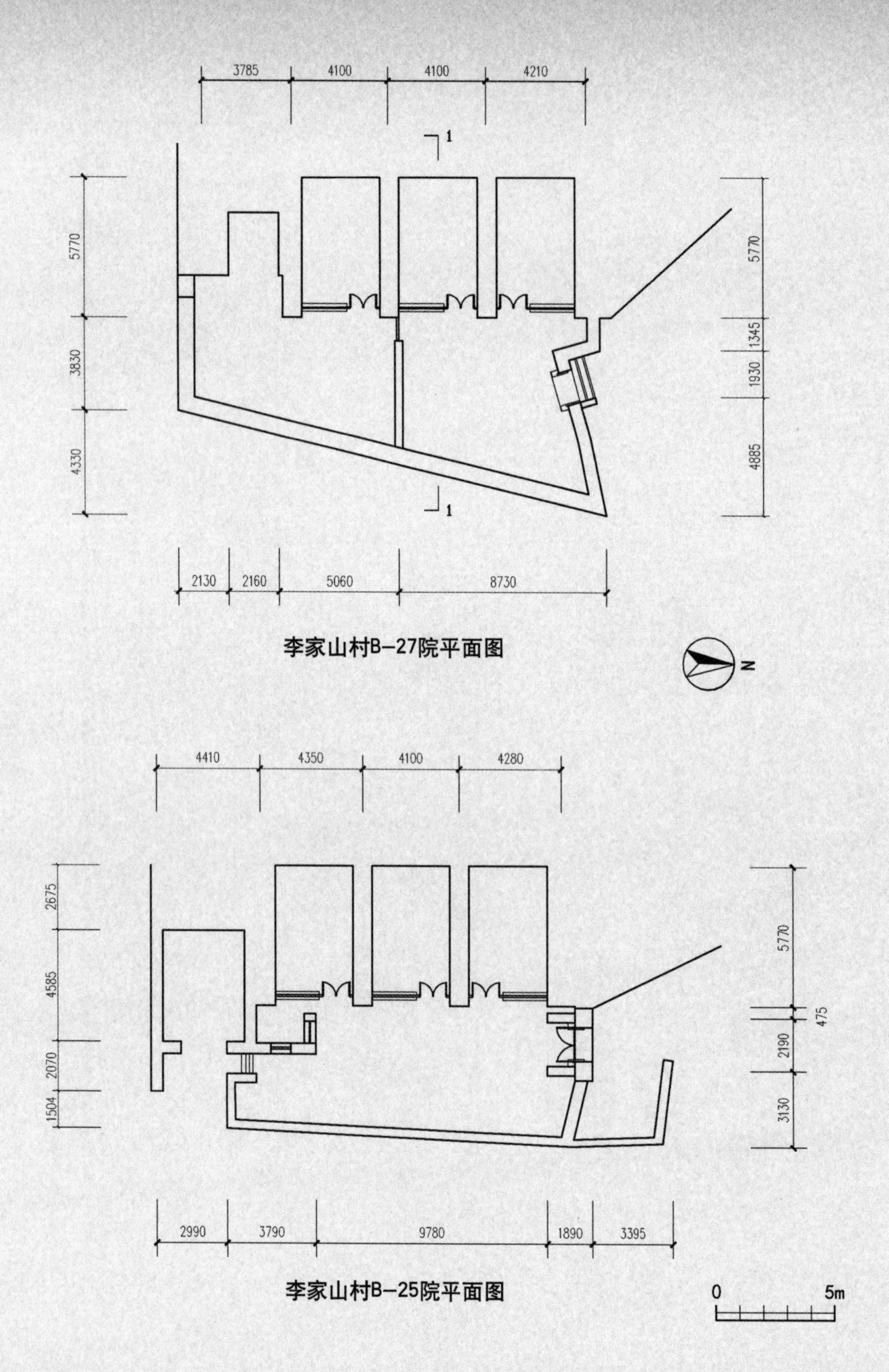


李家山村B-27院平面图

李家山村B-25院平面图

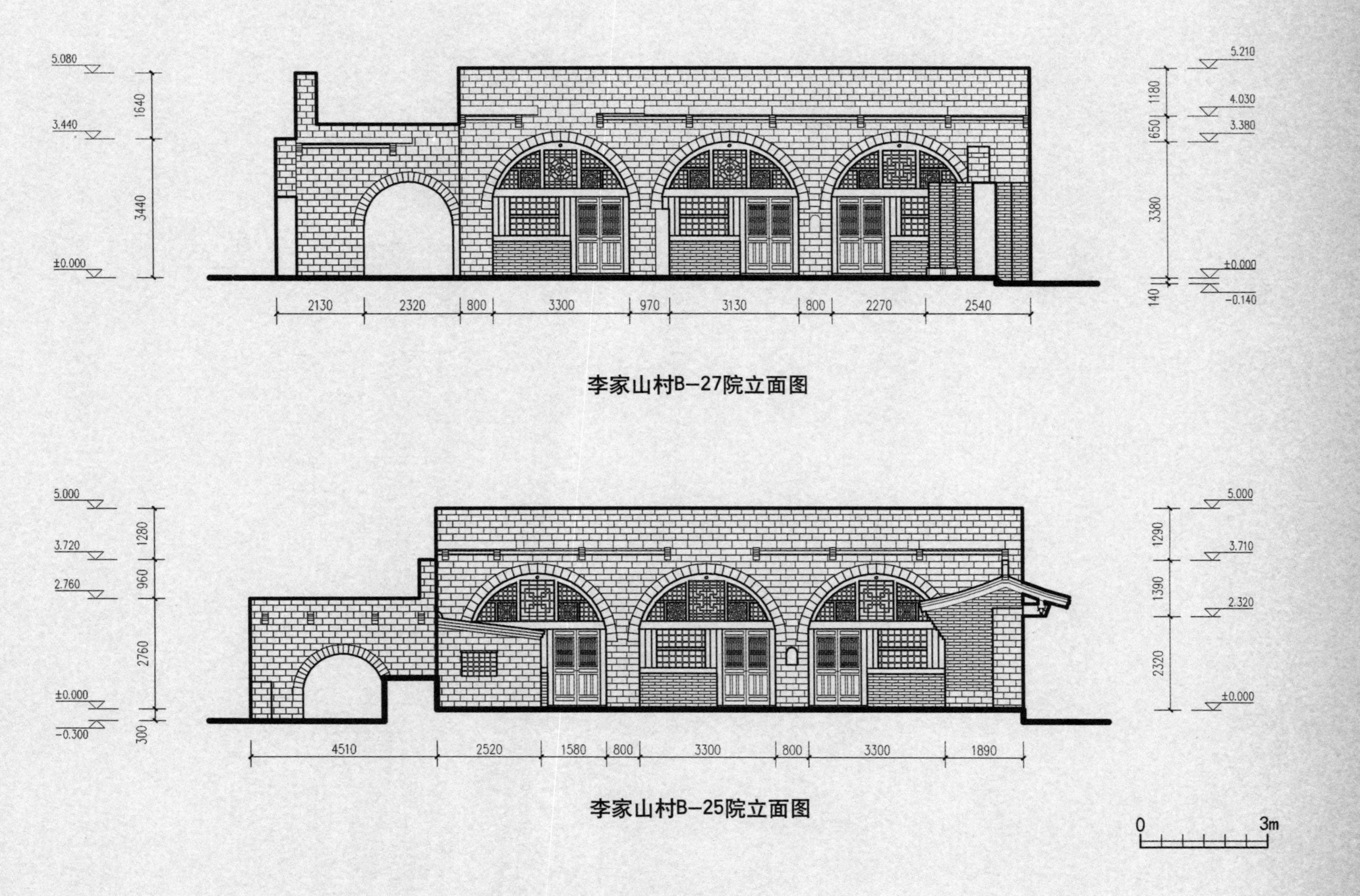

李家山村B-27院立面图

李家山村B-25院立面图

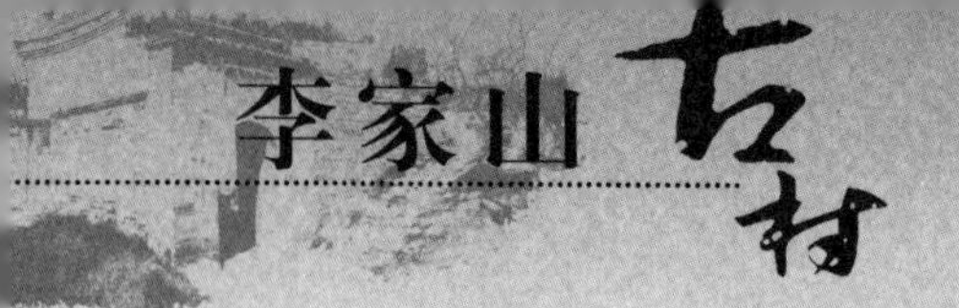



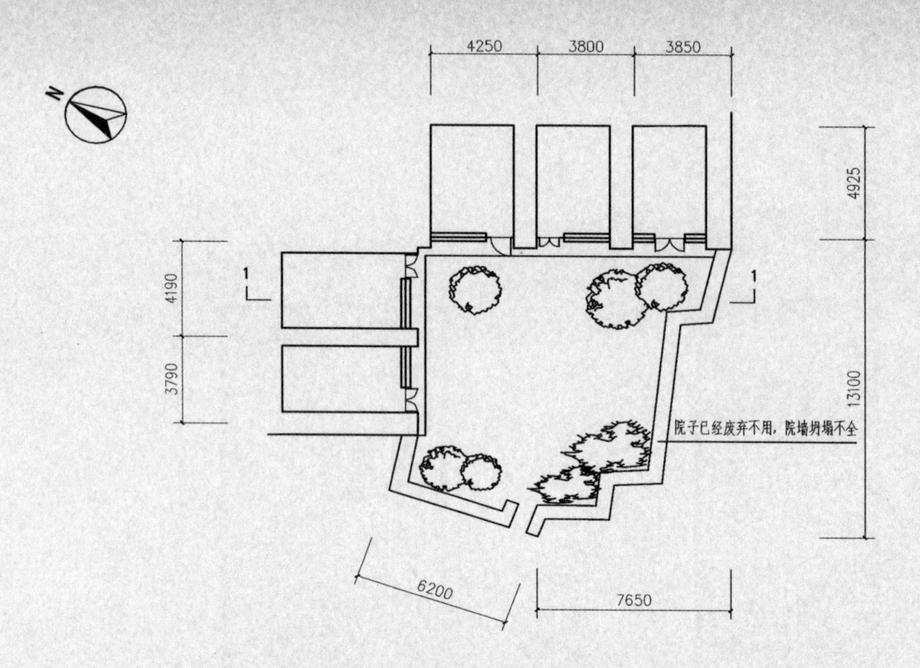


李家山村B-28院平面图

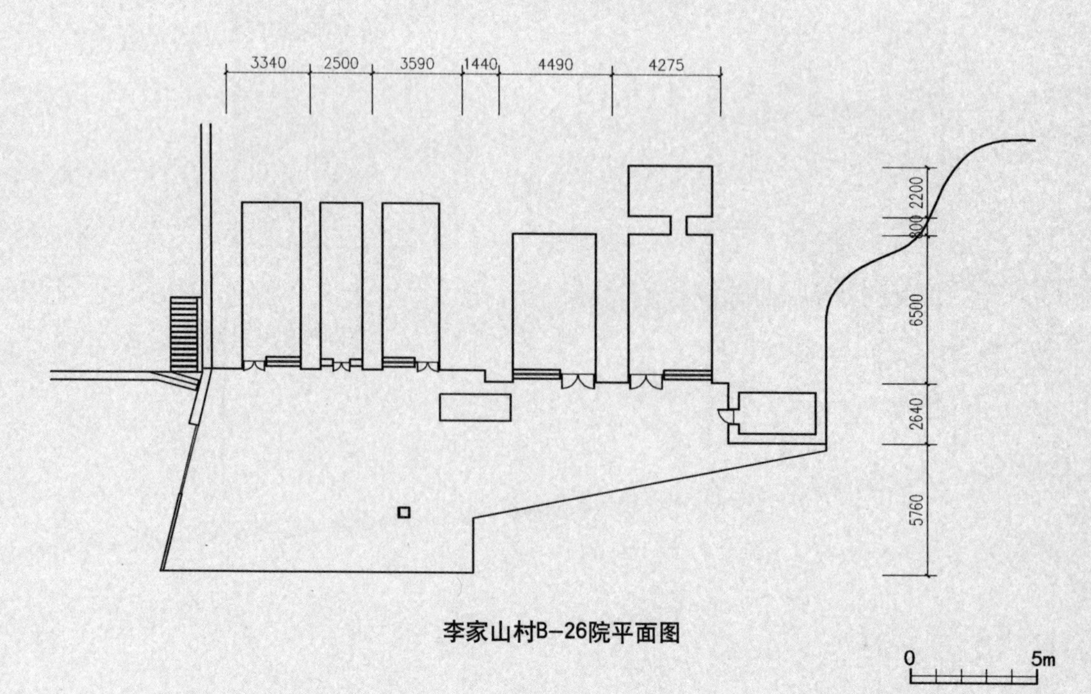


李家山村B-26院平面图

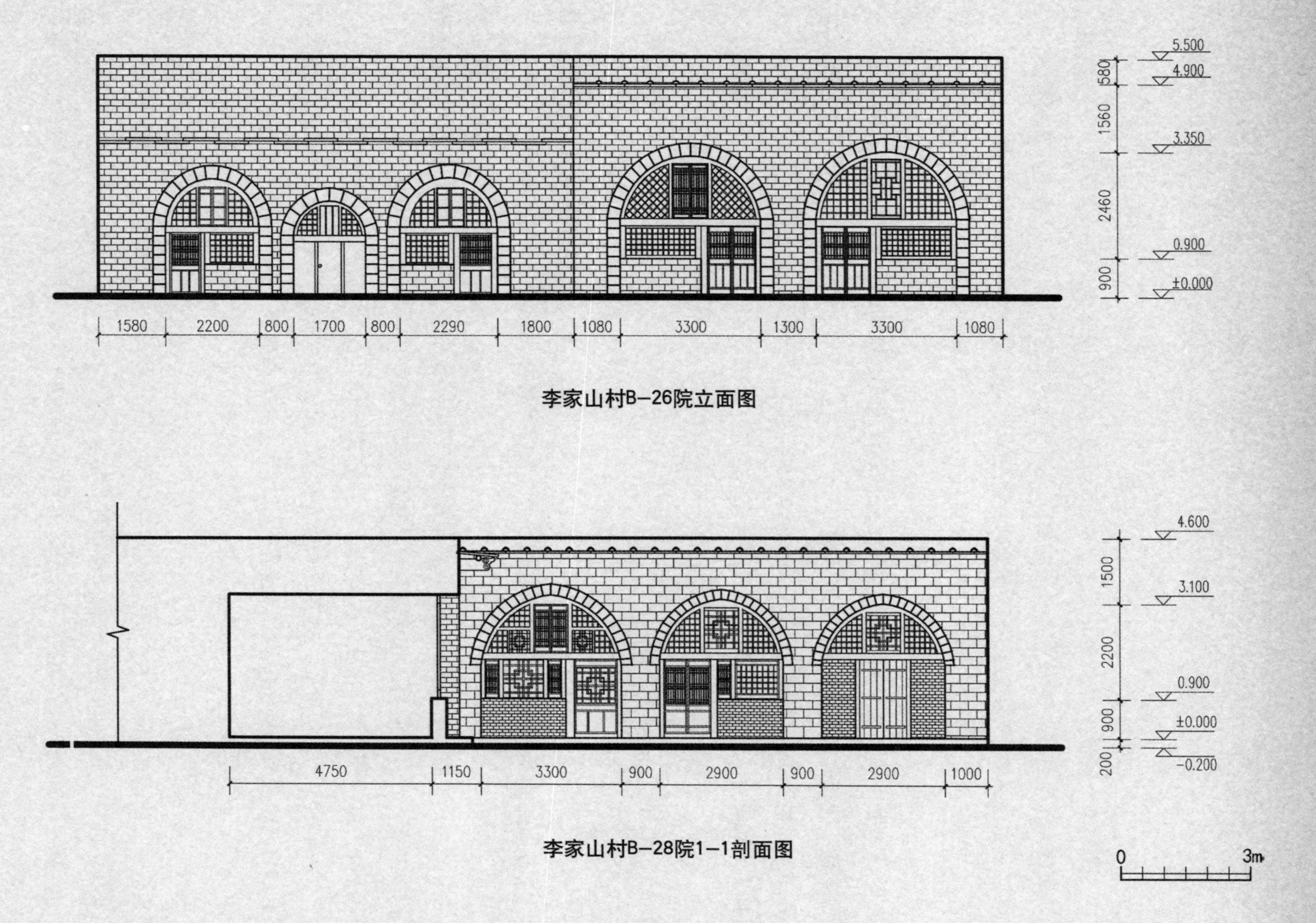


李家山村B-26院立面图



李家山村B-28院1-1剖面图

# 后 记

建筑遗产就像史书和档案，客观地记录着人类的点点滴滴，是一个国家和民族历史文明的载体。但是，和建筑本身的历史相比，建筑遗产保护的历史，可谓是非常短暂的。虽然广义的“保护”，几乎和建筑同时产生，因为一旦建筑产生，人们为了更好的使用，都会对其进行维护，但这种维护，是为了延续其功能，和现代意义上的保护不同。现代意义上的保护，更多的为了留下记忆、留下其承载的历史。

人类对于建筑遗产的认识，经历了漫长的过程，从19世纪上半叶的“风格性修复”理论出现，建筑遗产的保护理论已经有了200余年历史，期间不断地完善。随着人类文明的不断进步，世界各国对建筑遗产的保护亦越来越重视。《雅典宪章》（1931年）中的七项决议之一就是：“所有国家都要通过国家立法来解决历史古迹的保存问题”。但总体而言，在“二战”之前，国际社会和大部分国家对建筑遗产保护并没有引起足够的重视。

“二战”后，建筑遗产的保护逐渐引起从未有过的重视，原因很多，但有两点是最为重要的。其一是，两次世界大战的巨大的、毁灭性的破坏以及紧随其后的迅速现代化，使得人们更加珍惜、怀念、眷恋过去的文化。其二是，“二战”之后的全球化，导致文化趋于同质化，也令人们对于多元文化、地域文化、特色文化充满了向往和思念。《威尼斯宪章》（1964年）开篇即言：“世世代代人民的历史古迹，饱含着过去岁月的信息留存至今，成为人们古老的活的见证。人们越来越意识到人类价值的统一性，并把古代遗迹看作共同的遗产，认识到为后代保护这些古迹的共同责任”。保护这些文化遗产（包括建筑遗产），有利于维护世界文化的多样性。

从20世纪下半叶开始，建筑遗产保护的深度和广度又有了飞跃。人类逐渐认识到，文化遗产不仅是某个国家的遗产，也是全世界、全人类的遗产。将这些遗产的保护放到如此之高度，一定程度上为了避免在某些时候、某些情况下，某些国家、集团出于特定的政治利益、集团利益而破坏文化遗产。《世界遗产公约》操作指南（2008年版）的序言中提道：“文化遗产和自然遗产不仅对每一个国家，而且对整个人类来说都是无价之宝，无可替代。这些无价之宝的毁坏和消失使世界人民受到损失”。

保护建筑遗产，首先要回答为什么要保护建筑遗产？保护建筑遗产有什么意义？概括而言，主要体现在下面几个方面：

首先，保护建筑遗产，就是保护人类文明。人类在长期的历史过程中，创造了辉煌的文明。这些文明无不凝固在建筑遗产之中。正是从这一意义上，可以说，保护建筑遗产，就是保护人类在不同时期所创造的文明。英国著名思想家约翰·罗斯金在1849年出版《建筑的七盏明灯》一书中就明确指出：“人类的遗忘有两大强大的征服者——诗歌和建筑，后者在某种程度上包括前者，在现实中更强大”，他强调：“没有建筑，我们照样可以生活，没有建筑，我们照样可以崇拜，但是没有建筑，我们就会失去记忆”。如英国的“巨石阵”，位于英国威尔特郡索尔兹伯里平原上，年代可追溯至公元前2600年左右，是目前全球保存最完好的史前遗址之一，记载了当时的文明。

其次，建筑遗产的保护，有利于保护文化的多样性。各国、各民族、各时期丰富多彩、形态各异的建筑遗产，体现了世界文化的多样性、丰富性。2005年第33届联合国教科文组织大会上通过的《保护和促进文化表现形式多样性公约》中强调，“确认文化多样性是人类的一项基本特性；认识到文化多样性是人类的共同遗产，应当为了全人类的利益对其加以珍爱和维护；意识到文化多样性创造了一个多姿多彩的世界，它使人类有了更多的选择，得以提高自己的能力和形成价值观，并因此成为各社区、各民族和各国可持续发展的一股主要推动力”。

其三，建筑遗产的保护，有利于保护生态环境。人类所拥有的资源，可分为“可再生（Renewable Resource）”和“不可再生（Nonrenewable Resource）”两大类。生物学中的“再生”是指生物体对失去的结构重新自我修复和替代的过程。再生的方式很多，如繁殖（Reproduction）和再循环（Recycle）。对于大量的历史建筑，我们不一定非要拆除后新建以使其获得再生，也可以再循环使用这些建筑。这样，可以节省资源，可以减少排放，保护生态。

我们课题组对于李家山村的调查，由于各方面的原因，持续的时间很长。早在2004年，我们曾带交大建筑学2001级的张轩、张宁、黄欢、郭腊梅等同学对李家山村的部分历史建筑做过测绘。在之后的七、八年间，我也曾陆陆续续，到过李家山村不下10次。但较为深入的调查，则是从2011年10月初开始，前后持续了一年有余。在李家山村的调查和研究过程中，我们得到各方面的帮助和支持。山西省住房和城乡建设厅厅长李栋梁、副厅长李锦生等领导对这套丛书给予了高度重视和积极支持。副巡视员张海同志（原村镇处处长）对本书的定位、框架提出了许多宝贵意见和具体指导。村镇处处长于丽萍同志为了保

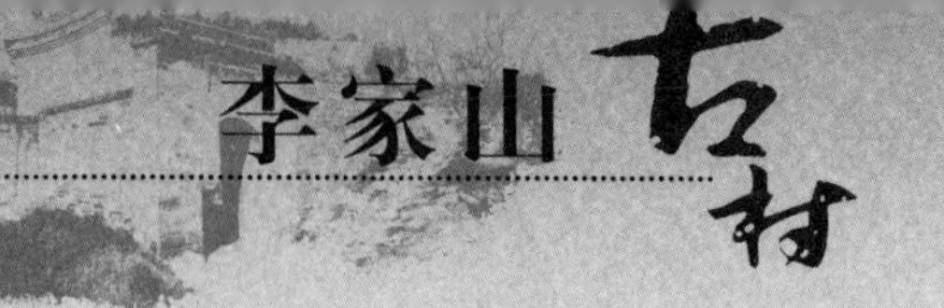


证调查研究工作的顺利开展做了大量的组织和协调工作。碛口风景名胜区管理局局长原局长王成军、现局长张犬照、总工程师高侯平、碛口镇镇长郝大山对我们的调查研究给予了很多方便。在此，一并表示真诚的谢意。

本书由薛林平、陈璐、王怡博、于丽萍分别撰写或整理了相关内容，最后由薛林平统一修改定稿。想必书中还会有这样或那样的遗漏、不妥、错误之处，恳请各界学者及广大读者批评指正。

薛林平

北京交通大学建筑与艺术学院

2013年4月20日